I0839051

El Silencio de los Caballos

David Castro

Castro, David Guillermo
    El silencio de los caballos. - 3a ed. - Arturo
Segui : el autor, 2015.
    160 p. ; 24x17 cm.

    1. Caballos. I. Título
    CDD 636.1

Castro, David
El Silencio de los Caballos

Tercera edición: marzo de 2021

Diseño de tapa: Mónica Champredonde / Virginia María Lasta
Fotografía de tapa: Mariana Domic Radtschenko
Fotografía de solapa: Tomás Cortés Berisso
Diseño de interior: Mónica Champredonde
Adaptación de maqueta: Virginia María Lasta

Fotografías: página 10 Manino; páginas 17, 22-23, 25, 31, 49, 62-63, 65, 87, 108-109, 111, 135, 139, 150-151, 161, 173, 179 Mariana Domic Radtschenko; página 90 Natalia Bykova; página 122 Lydia Nevzorova; página 131 Hugo Ugarteche.

Impreso en Argentina. Printed in Argentina

Agradecimientos

Quiero agradecer a las personas que me ayudaron con este libro.

Mi más sincera gratitud a quienes participaron en la materialización del mismo, leyendo los manuscritos, corrigiendo errores, haciendo sugerencias, y dándole forma a la obra, como Rodolfo Bogdachewsky, Cecilia Castro, Irina Bogdaschevski y Mónica Champredonde; a Mariana Domic Radtschenko, a Lydia Nevzorova y Natalia Bykova por el arte de sus fotos.

Estoy también agradecido a los que, de una manera u otra, acompañaron el proceso desde el afecto, el apoyo, los consejos o la crítica. Entonces además de los que ya nombré quisiera mencionar a Emilia Pauletto, Donna Condrey-Miller, Varvara Lyubovnaya y Norma Leticia Schmid.

Para poder hacer este libro hube ce aprender a decir lo que me fue enseñado así como lo que fui aprendiendo por mi cuenta, por lo cual siento que lo que digo no es, en definitiva, únicamente mío. Me siento, al final, más bien como el decir de la copla

Tengo las manos vacías
de tanto dar sin tener,
pero estas manos son mías.

anónimo popular

Es por esto que, por último, no quiero dejar de agradecer a Alexander Nevzorov, Michael Bevilacqua, Stormy May y Lydia Nevzorova, quienes con sus enseñanzas, trabajo y escritos me han inspirado durante el trabajo en este libro.

*A Norma y Juan, mis padres, quienes me transmitieron
su respeto, amor y asombro por la tierra y sus seres.*

Algunas palabras sobre mi camino

Hace poco más de catorce años comencé mi estudio de los caballos. Al principio fue puramente intuitivo y exploratorio (por curiosidad), casi un juego. Me interesé en probar con caballos las técnicas de cetrería que conocía. Fue tan movilizadora la experiencia, que comencé a formarme en las diversas teorías y escuelas, tradicionales y alternativas, que encontraba. Ya apasionado, pero totalmente direccionado en la busca de una relación armoniosa con estos animales.

Después de experimentar un tiempo por mi cuenta, en 2002 me acerqué al creador de la doma india, Oscar Scarpatti, para estudiar y colaborar con él y su hijo durante un tiempo. Trabajé algunos años como domador indio y, habiendo alcanzado la maestría en dicho método, para continuar mi formación y exploración decidí estudiar el método de Klaus Ferdinand Hempfling. De este famoso hombre de caballos me atraían mucho sus trabajos sobre lenguaje corporal, y así lo practiqué durante más o menos dos años pero, no conforme con esto, proseguí mis estudios con el entrenamiento en libertad de Carolyn Resnick.

Para esa época comencé a comprender las funestas implicancias en la educación de los caballos de cualquier técnica de presión o coacción para conseguir su obediencia. Decidí, desde ese momento, dejar definitivamente la doma india. Por la misma razón, tampoco me convencieron otros métodos similares que estudié, como los de Monty Roberts, Pat Parelli, Mark Rashid, Lucy Rees, u otros exponentes del *natural horsemanship*. Me encontré solo y por las mías buscando profundizar cada vez más en mi investigación para poder responder con conocimiento a mi búsqueda.

Lentamente, me fui distanciando de mi querido amigo y mentor Oscar y de su hijo, a quienes todavía recuerdo con afecto.

Continué mi camino con la determinación de experimentar e indagar hasta encontrar una manera de estar con los caballos libre de presión o coacción. A esta altura tenía ya bastante conocimiento, experiencia y sentido crítico. Estaba claro que uno de los ingredientes necesarios era el interés y la participación real del caballo. Para mí, esto se había vuelto lo más importante.

Si bien el método de Hempfling y el de Resnick me mostraron diferentes e interesantes facetas de la relación con los caballos, lo que aportaron a mi búsqueda fue básicamente la necesidad de abandonar todo tipo de intento de control respecto a la relación y la educación del caballo, así que, una vez que profundicé en ellos, también los abandoné.

El autor con Wicca en el año 2006.
FOTO: Manino

A fines de 2009, decidí no montar más a caballo hasta que este no estuviera debidamente reunido en libertad. Comencé por mi cuenta la exploración de un modo de educación que estuviera basado en el juego y la libertad de movimiento del caballo. En 2010, me uní a la Nevzorov Haute Ecole, una escuela de investigación, crianza y educación de caballos creada por Alexander Nevzorov y su esposa Lidia Nevzorova. En un par de años, fui incorporado al grupo de los alumnos avanzados y nombrado representante de la Nevzorov Haute Ecole en la Argentina.

Mi Camino y recorrido con los caballos continúa en tanto convivo con ellos en mi día a día, desde hace ya varios años. Aún sigo aprendiendo, investigando y estudiando sobre ellos y sobre nuestra manera de relacionarnos con estos y el resto de los animales.

David Castro
Arturo Segui - Julio 2014

¿Qué harías

si de pronto descubrieras

que lo que te han dicho

sobre los caballos

no es del todo cierto?

¿Qué harías si descubrieras

que lo que pensabas

que era bueno

para tu caballo, en realidad,

no lo es?

Introducción

Introducción

A través de este libro intentaré develar algo que necesita ser dicho desde hace ya bastante tiempo.

No tiene mi obra pretensión de libro o de género, el mensaje es comprensible —en este sentido, no creo que el libro adolezca de eso— y me doy por satisfecho con llegar a las personas a quienes va dirigido.

Tiene como primer objetivo hacerlos pensar, y aunque el principal motivo para escribir esta obra haya sido educar, informar, me basta con ofrecer en este libro una simple propuesta, casi diría un ejercicio. Un ejercicio para la mirada.

... Esto me recuerda una historia:

"Hace mucho tiempo en un país lejano, un rey, engañado por dos charlatanes que se llamaban a sí mismos sastres o tejedores, decidió hacerse confeccionar un traje hecho de telas especiales. Estas tenían, al parecer, una maravillosa virtud: eran invisibles para los que no desempeñaban bien sus cargos o carecían de inteligencia.

Admirado el rey de tan maravillosa cualidad, otorgó a los charlatanes todo aquello que estos solicitaban, quienes encerrados en una habitación bajo llave, simularon trabajar en confeccionar ricas telas con las que hacer un traje para el rey, y que él pudiera lucirlo en las fiestas que se acercaban.

El día de la fiesta el rey se paseó por su palacio y luego, luciendo con el supuesto traje nuevo, montado en su caballo, salió en procesión por las calles de la villa. La gente, también conocedora de la rara cualidad que tenía el vestido, callaba (tal vez por miedo de ser juzgados de tontos o inoperantes), y veía pasar a su rey casi desnudo, hasta que un pobre niño de corta edad dijo en voz alta y clara: -¡el rey va desnudo!.

Tal grito pareció remover las conciencias de todos aquellos que presenciaban el desfile, primero con murmullos y luego a voz en grito todos empezaron a repetir "el rey va desnudo", ..."el rey va desnudo". Finalmente los cortesanos del rey y el mismo rey se dieron pronto cuenta del engaño, ya que realmente el rey iba desnudo.

Cuando fueron a buscar a los pícaros al castillo, estos habían desaparecido con todo el dinero, joyas, oro, plata y sedas que les habían sido entregados para confeccionar el vestido del rey. El engaño había surtido efecto."

¿Qué relación tiene "la mirada" con la historia del rey?

En la antigüedad se pensaba que la mirada salía del ojo hasta alcanzar el objeto mirado. En uno de sus artículos, Ivan Illich[1] llama a este momento la Edad de la mirada radiante.

La mirada es un órgano que emana de la pupila como un miembro eréctil. Echándose sobre el objeto, este psychopodos ("miembro eréctil de la mente") lo abraza, se fusiona con él, extrae sus colores y los lleva al ojo que es teñido por ellos. La visión propiamente dicha ocurre en el lugar del objeto, en su fusión con la mirada.

El fin de esta época se vislumbra alrededor del año 1000 en Alejandría, cuando el matemático, astrónomo y médico Hakim ibn al-Haytam asegura que los rayos de luz vienen del objeto y van al ojo, y no lo contrario, como lo habían dicho Euclides, Tolemeo y al-Kindi. (Jean Robert).

De todas maneras, parte de esta idea permaneció vigente mucho tiempo. Aún se dice: "echar una mirada", en francés: "jeter un coup d'oeil", "mirada fulminante" o "mirar activo".

Al proponerles un ejercicio de la mirada, mi intención es liberarla, si no a esta en sí misma, por lo menos a la mente que la ejerce[2].

Hablo del despertar de los hábitos psíquicos basados en lo que Erich Fromm llamó una manera de ver caracterizada por el lema *Omnibus dubitandum: todo*

(1) Ivan Illich: Guarding the Eye in the Age of Show

(2) *"Puedo aun mirar activamente, lo cual significa lo contrario de la integración a sistemas interactivos. Quizás en estos remanentes de regímenes scópicos pasados se puede recobrar libertad y dignidad. Para no entregarme, no dejarme absorber por los shows y los "juegos interactivos" puedo, contra la lógica de esta edad scópica, reconstruirme un punto de vista. Puedo cometer actos selectivos de renuncia y de irreverencia. Puedo romper el encanto, cortar la conexión, desenchufarme. Puedo también, y esto exige una disciplina (askesis) aun mayor, tratar de redescubrir y practicar una ética óptica.* Jean Robert

debe ser objeto de duda, particularmente los conceptos ideológicos que son virtualmente compartidos por todos y que, como consecuencia, han asumido el papel de axiomas indudables del sentido común[3].

En mi caso personal esta mirada, como ejercicio de conocimiento, de duda, de libertad, recibió un gran impulso al leer la obra de Ivan Illich, a quien cito a menudo en mis escritos. De allí que en mi camino junto a los caballos no tuve mejor suerte que tenerla ejercitada, pues mi caso es el de muchos "especialistas" que por estar tan sumergidos y empapados perdemos la perspectiva. A causa de esta pérdida de perspectiva, tenemos graves problemas en reconocer en "nuestro" tema lo que para el lego es evidente.

Fue Alexander Glebovitch Nevzorov –el mayor exponente ecuestre de este siglo y el precedente– quien me asestó la primera bofetada en las tinieblas, no más dolorosa que un golpe de kyosaku[4]. Ocurrió cuando leí su frase que dice: *"No existen las relaciones gentiles, existen las patológicas y las normales".*

Esta ruda confrontación con mi ceguera me impulsó a escribir. "¡Cómo fue posible estar tan ciego!", me decía a mí mismo. En realidad no había estado demasiado ciego, pues, desde tiempo atrás venía sintiendo la distorsión entre la realidad y la fantasía en que está sumido gran parte del mundo ecuestre.

El camino no es fácil porque, como en el cuento, entre los pillos y charlatanes, los que dudan, los que callan por no perder su empleo o ser llamados tontos, se va creando y reforzando una ilusión colectiva que nos impide ver, en definitiva, que simplemente...

El rey va desnudo.

Para todos aquellos que sientan dudas, incomodidades, "ruidos" o inquietudes similares a los míos, esta es otra visión y experiencia en lo que respecta a la manera en que nos relacionamos con Caballos. Es un relato de algunas de las cuestiones, interrogantes y respuestas que fui encontrando en el camino.

---

(3) *E. Fromm en la introducción a "Alternativas", Ivan Illich, Joaquin Mortiz, 1974*

(4) *El Kyosaku (bastón del despertar) es una vara o bastón plano con la que el maestro zen se pasea entre sus alumnos mientras hacen zazen. Se utiliza dando golpes o serie de golpes suaves en la espalda y hombros de quien medita, en la zona muscular entre los huesos y la columna vertebral. El Kyosaku es bastante fino y algo flexible y los golpes que da no hacen daño. El impacto, junto con su sonido agudo se considera estimulante.*

... y le susurré al caballo

En busca de otra relación con los caballos

En busca de otra relación
con los caballos

Proteger lo que admiramos

Moyers: Por supuesto, nosotros, los hombres de hoy, estamos
vaciando el mundo de sus revelaciones naturales, de la
naturaleza misma. Pienso en esa leyenda de los pigmeos sobre
un niño que encuentra un pájaro que canta primorosamente
en la selva y se lo lleva a su casa.

Campbell: Le pide al padre que traiga comida al pájaro,
pero este no quiere alimentar a un simple pájaro,
así que lo mata. Y la leyenda dice que el hombre mató
al pájaro y con el pájaro mató el canto, y sin el canto
se mató a sí mismo. Cayó muerto, completamente muerto,
y quedó muerto para siempre.

Joseph Campbell en diálogo con Bill Moyers

Me pregunto: ¿qué es lo que admiramos de los caballos? ¿Su capacidad de expresar el espíritu de libertad, su elegancia, majestuosidad y equilibrio?

¿Qué hay de la libertad cuando tienen que vivir confinados en un box?

¿Qué hay de la elegancia y el equilibrio cuando nuestra única posibilidad de dirigirlos es forcejeando de las riendas o con bocados cada vez más agresivos? ¿Qué pasa con ese ser que es centro de nuestro afecto y admiración, cuando llega a nosotros quebrado física o psicológicamente por la doma o el entrenamiento al que fue sometido? Y "sometido" es una palabra que refleja bastante claro su historia.

¿Era eso lo que buscábamos? Tal vez, es lo único que conocemos y llegamos a creer que era la única manera.

Hoy por hoy nuestra relación con la especie equina podría evolucionar intentando darles a los caballos –como a otras especies– la libertad que históricamente, por atender nuestras necesidades, les quitamos. Y con libertad me refiero, por un lado, a darles algún espacio en algún rincón del planeta para que puedan recuperar, como especie, la oportunidad que la domesticidad les arrebató. Quizás sea cierto lo que se dice: que fue esa misma domesticidad la que les permitió sobrevivir hasta el presente. Pero de eso nunca podremos estar seguros, ya que es mucha la capacidad de adaptación y la plasticidad que el caballo ha demostrado durante la historia. En cada oportunidad que se ha presentado, el caballo se "asilvestró" adaptándose a los más diversos ambientes y situaciones. Desde las marismas de la Camargue en Francia, los llanos venezolanos, el desierto de Namibia, hasta Japón, son más de 24 las poblaciones de caballos ferales en todo el mundo, lo cual sería una prueba de que lo único que necesitan es que el hombre los deje tomar la oportunidad arrebatada.

Con esto no quiero decir que los caballos deban únicamente andar sueltos por los campos y las praderas o alguna reserva, pues esto nos generaría un gran problema con la gran cantidad de individuos que han nacido en cautiverio y nunca llegarán a sobrevivir en un estado de total descuido o sin el espacio y los recursos suficientes. Lo que digo es que cada uno debe preguntarse hasta dónde cierto tipo de trato y de vida no les quita a estos animales gran parte de lo que admiramos. Como ven, no me estoy refiriendo a "la bestia" que comparte con su amo la miseria, la injusticia y la crueldad de la sociedad industrial que cobra su cuota del sueño de la opulencia con la esclavitud y la explotación. Me refiero a esos caballos que han sido elegidos por divertimento o vanidad, por negocio o tradición, y su destino está signado por el capricho o la buena disposición de algún humano.

De algún modo, muchos de ellos pueden sobreponerse a ese tipo de "educación", vida en hacinamiento, mal manejo e ignorancia de sus necesidades mínimas, y nos maravillamos con su majestuosidad y elegancia, su nobleza y entrega. También, es cierto que la gran mayoría de los animales criados alrededor del mundo terminan sus días en algún embutido o comida, sea nuestra, de nuestras mascotas o de las fieras de algún zoológico o circo.

Respecto de su preparación para el servicio humano, los caballos que no son desechados por problemáticos no reciben un trato amoroso y digno: en todo el planeta miles y miles son quebrantados y vejados de tal manera que se cierran para siempre y se convierten en autómatas que han perdido toda expresión y personalidad. Solo hace falta ir a cualquier ciudad del mundo y verlos pasar tirando de alguna carreta o carromato en los suburbios, o corriendo por miles de dólares en las pistas de carreras de los hipódromos y saltando en las lujosas pistas de los clubes hípicos...

Por falta de conocimiento, malogramos lo que nos interesa y, con las mejores intenciones de relacionarnos con ellos, los privamos de todo lo que ha inspirado nuestro afecto o admiración.

Sobre jinetes y caballos

Sobre jinetes y caballos

A lo largo de mi vida, junto a los caballos he encontrado a muchas personas que dicen que no les gusta montar a caballo, o que simplemente no pueden hacerlo.

¿Se han preguntado alguna vez qué es montar a caballo?

Históricamente y en el 99,9 % de los casos, montar un caballo significa: un cuerpo sobre otro, una mente sobre otra, un corazón sobre otro, una voluntad sobre otra... y, en todos los casos, de manera impuesta. Así es el esquema de la dominación. He notado que a mucha gente le cuesta imponerse sobre los otros, no le gusta, o prefiere las relaciones de igualdad. Lo que antes asociaba un poco con la debilidad hoy me parece tan comprensible... Hasta admirable.

> *Un caballo sin jinete sigue siendo un caballo.*
> *Un jinete sin caballo no es más que un hombre.*
>
> Stanislaw Jerzy Lec

Las palabras son maravillosas, pero a veces su relación con la realidad que intentan representar o describir es, por decirlo de alguna manera, complicada. Cabría preguntarse, en el caso de la frase anterior, sobre el significado de "jinete" y su implicancia en la vida del caballo. Hablo del rol que ese hombre se esmera por cumplir. Sería como preguntarse sobre la palabra "carcelero" o "verdugo", y su implicancia en la vida de otros.

Tal vez, la relación caballo-jinete sea un "juego" de roles donde, desde ya, no hay posibilidad de cambio de papeles. ¿Puede el caballo convertirse alguna vez en jinete? En principio, uno controla y otro es controlado. Es interesante notar que en esa frase, en realidad, cuando decimos *jinete* y *caballo* estamos hablando de roles.

En cambio si digo hombre y caballo, no.

Un caballo sin *jinete* no sigue siendo un *caballo*. En el momento en que el *jinete* deja ese rol para ser un hombre, el *caballo*[5] es libre de ser un caballo.

Queda claro que siempre que el hombre se aproxime al caballo como hombre, el caballo va a ser caballo.

¿Un caballo o *el caballo?*

Curiosamente, a pesar de haber vivido desde hace milenios junto al hombre y contrariamente a lo que uno pensaría, la naturaleza de nuestros animales domésticos nos era relativamente desconocida. Aunque los humanos han observado y especulado sobre la vida de los animales desde hace miles de años, la comprensión de la conducta animal ha tardado mucho en plantearse como ciencia. En Occidente, esto empezó a suceder recién cuando fue aceptada la idea de que el hombre es también un animal. A partir de allí comenzamos a buscar indicios de la naturaleza humana en los animales, e indicios de la "animalidad" en lo humano. Este proceso, que duró un par de siglos y que todavía continúa, fue el cambio en la mirada que dio inicio al estudio comparado del comportamiento y la psicología animal[6].

La naturaleza del caballo ha sido bastante elusiva para la mayor parte de los humanos, incluso para los que han convivido con ellos por muchos años.

Hoy sigue habiendo mucha confusión y desconocimiento general al respecto.

---

(5) La palabra "caballo" es aquí sinónimo de cabalgadura y describe el rol que se le asignó al animal. Es como decir "esposo". Del diccionario de sinónimos: jaco, jaca, yegua, potranca, montura, cabalgadura, caballería, caballo, yegua, asno, mula, bestia, cuadrúpedo, mulo, potro, rocinante, trotón, corcel, jamelgo, penco, rocín, matalón, bayo, ruano, percherón, petiso.

(6) Recién en la segunda mitad del siglo XIX, con figuras como Geoffroy Saint-Hilaire (que en 1859 introdujo el término de "etología"), el francés J. H. Fabre, Douglas Spalding, George Romanes (discípulo de Darwin, quien continuó los trabajos de este sobre conducta animal y su Animal Intelligence (1882), comienzan a publicarse los primeros trabajos. Pero es especialmente a mediados del siglo pasado de la mano de Konrad Lorenz, y sus historias y estudios comparados sobre animales (Lorenz junto con Niko Tinbergen y Karl von Frisch compartieron el Premio Nobel de Fisiología en 1973 y son considerados "los padres de la etología"), que un cierto interés por algunas especies de animales domésticos y el origen de su comportamiento comenzó a popularizarse.

Quizás sea, como señalé antes, por su rol histórico de "montura", la afinidad y pasión que tantas personas tienen por el caballo, al que consideran una "noble" criatura creada para transportarnos[7].

Por eso, considero necesario contarles algo sobre lo que podríamos llamar la "naturaleza" de estos animales, para que puedan hacerse una idea de quiénes son los caballos.

(7) Para ampliar este tema, puede leer también "La sonrisa del caballo", entre mis artículos publicados en *Y le Susurré al caballo,* 2017

La naturaleza de un caballo sin jinete

El caballo siempre está acertado.
Chevalier de Nestier

La idea de esta sección es destacar algunas cosas que sabemos con certeza sobre el comportamiento del caballo y su forma de vida. Por supuesto, todavía hay muchas cosas que no sabemos. Intentaré resumir lo que sabemos hoy día sobre los caballos centrándome en lo importante para mis futuros argumentos, porque si bien gran parte de los últimos descubrimientos han cambiado la forma de ver a los caballos, sería demasiada información para incluir en este libro. Quiero advertirles que este tipo de reduccionismo no me gusta, pues es fuente de malos entendidos. Aun así, con ciertos recaudos, voy a comentarles algunas cosas sobre la "anatomía" y fisiología de su comportamiento.

No voy a hablar de etología y este no es un intento del típico capítulo sobre "comportamiento y evolución del caballo". Ni siquiera quiero intentar darles una explicación de la naturaleza de los caballos. Lo que quiero es ofrecer una idea breve pero clara sobre las maneras de vivir y algunos comportamientos del caballo como especie y como individuo (bajo una perspectiva no utilitaria). Este repaso de su "naturaleza" y otras informaciones del libro deberían darte una visión distinta sobre los caballos, para que puedas conocer cuál es el principal problema, a mi entender, de nuestra mala interpretación de la naturaleza equina.

La vida de los caballos y su naturaleza social es, a veces, un poco compleja para entender desde el punto de vista del hombre occidental, para quien "el individuo" o "la persona" siempre se ha pensado como algo separado o independiente. Pensar a "El Caballo" como un individuo aislado es casi una abstracción, una idea resultante de la situación artificial, que solo puede darse en cautiverio. Lo que quiero decir es que pensarlo solo sería como imaginarse a una abeja sin su colmena, o a una hormiga sin su hormiguero. Debemos entender que Los Caballos (o sea el caballo) son fibras de una comunidad. Por supuesto que han desarrollado una mente individual y otras características que los diferencian como individuos, con sus propias apetencias, intereses, temperamentos y carácteres, pero aún así, en su más profunda naturaleza el caballo es, por sobre todo, un ser social que se construye a sí mismo en el grupo afectivo y familiar, que lo completa, empodera y lo hace más él mismo.

Los caballos son seres sociales y gregarios, que forman manadas compuestas de grupos familiares (asociados a lo parental) o vinculares (asociados a lo afectivo). Dentro de estas sociedades o manadas, en principio lo que tenemos son grupos denominados bandas. Se le llama banda a los caballos ferales, que viven libremente juntos por elección propia dentro de una manada. Son grupos de individuos que vienen viviendo de esa manera (en un estado de re salvajización o "feral"), y que comparten la compañía y la vida por meses o años. Hay básicamente dos tipos de bandas que se complementan en una dinámica social integradora: unas son mixtas, conformadas por machos y hembras (bandas familiares), y otras son conformadas solamente por machos (bandas de solteros). Generalmente, las bandas familiares están constituidas, en su mayoría, por hembras con pequeños. Estos últimos son individuos jóvenes no maduros, ya sea hembras que aún no han entrado en fertilidad y/o machos que todavía no se pueden reproducir. Los adultos son mayormente hembras, como he dicho y, dependiendo de las manadas, puede haber uno, dos o hasta tres machos en una banda.

El comportamiento del caballo está guiado por sus necesidades. Podríamos decir que el caballo es un ser principalmente fisiológico. Atiende primero las necesidades más urgentes y se enferma si no puede satisfacerlas. Nadie mejor que él mismo para saber lo que necesita.

Para saber cómo es un caballo sano y "feliz", debemos estudiar a los caballos salvajes, porque ellos viven como verdaderamente necesitan.

La mayoría de los caballos domésticos llevan una vida algo contraria a su naturaleza, y por eso suelen desarrollar comportamientos que no son naturales en ellos.

La forma (anatomía), y el funcionamiento (fisiología) del caballo están preparados para un hábitat semiárido, es decir: pocas lluvias, mucha diferencia de temperatura entre el día y la noche, superficie del suelo abrasiva, y escasa y dispersa vegetación para comer o refugiarse.

Las actividades llevadas a cabo por los caballos se repiten con una cierta periodicidad. Tienen un ritmo natural interno, capaz de ajustar el funcionamiento del cuerpo a los diferentes momentos del día y a las diferentes estaciones del año.

Generalmente, la mayor parte de los comportamientos de los caballos buscan satisfacer las siguientes necesidades naturales:

Comer, beber, respirar, asearse, protegerse, descansar, aprender, aparearse y así.. Veamos someramente algunas de ellas:

COMER

El caballo es un animal mamífero, es decir, que las hembras alimentan a las crías con la leche que producen sus mamas, durante casi un año y, a veces, más. De esta manera, el potrillo recibe todos los nutrientes que necesita para crecer sin necesidad de estar buscándolos por todo el territorio. Tengan en cuenta que alimentarse es una actividad social para los caballos: como todo mamífero, el potrillo recibe mucho más que alimento cuando se amamanta (contención afectiva, identidad, sentido de pertenencia) e, incluso durante la edad adulta, el pastoreo nunca será una actividad solitaria para el caballo.

El caballo es un animal herbívoro no rumiante, es decir, que se alimenta de vegetales, mayormente hierbas pero, a diferencia de los rumiantes, como la vaca, alberga las bacterias necesarias para aprovechar la celulosa en su intestino. Con sus labios altamente móviles, puede separar las plantas con gran precisión y así elegir las que más le convienen.

Tiene doce dientes para cortar y otros veinticuatro para moler los vegetales. Mientras muele el alimento, puede secretar hasta doce litros de saliva para ayudar a procesarlo.

El caballo es un animal de gran tamaño, pero con un estómago muy pequeño. Necesita comer la mayor cantidad de tiempo posible, durante el día y la noche en forma continua. Utiliza unas 18 horas por día en comer. Para evitar la fatiga muscular por tener que estar tantas horas comiendo, la naturaleza ha preparado su cuerpo para que lo haga con la cabeza cerca del piso y teniendo que caminar permanentemente buscando su comida.

Su estómago y sus intestinos necesitan que siempre haya alimento dentro, ya que secretan ácidos digestivos de manera constante.

En la naturaleza suelen encontrar buena cantidad de comida disponible para todos, así que, por lo general, no compiten ni se pelean por la comida.

Se ha comprobado que un caballo que hace vida normal (o sea, similar a la de otros équidos silvestres) necesita comer por día una gran variedad de hierbas y plantas.

Se estima que un caballo de 500 kg, cuando hay posibilidad, llega a comer:

9 kilos de gramíneas secas o semisecas

1 kilo de gramíneas frescas

2 kilos de arbustos

0,8 kilos de hierbas, algunas medicinales

0,2 kilos de cereales enteros

0,2 kilos de raíces, hojas, cortezas, ramas y frutos

0,1 kilos de leguminosas

Los caballos tienen la particularidad de no poder vomitar. Si necesitan expulsar algo desde su interior, deben hacerlo por la nariz.

BEBER

El agua es un eslabón nutricional muy importante para el caballo, no solo en la cantidad, sino también en su calidad. Incluso más allá de lo nutricional la mayoría de los caballos necesitan agua para sus baños y se deleitan revolcándose en los pozos y charcos cuando el terreno lo permite. El caballo necesita consumir entre 38 y 45 litros de agua por día. El cuerpo del caballo utiliza el agua para el crecimiento de sus tejidos, la eliminación de desechos tóxicos a través de la orina y la transpiración, el control de la temperatura corporal a través de la transpiración, el transporte de sustancias alimenticias en la sangre, la producción de jugos gástricos y saliva para la digestión, y la lubricación de las pupilas de sus ojos. Aun así, en estado feral, los caballos se adaptan a condiciones muy variadas y pueden resistir sin beber bastante tiempo, incluso días, mientras se trasladan de un pozo a otro en lugares semidesérticos donde viven –como en el caso de los Brumbies australianos–.

RESPIRAR

La función principal de la respiración es la de aportar el oxígeno que el organismo necesita para la continuidad de su actividad física, y la expulsión de los gases sobrantes de los procesos internos que tienen lugar en el cuerpo del caballo.

Inhala y exhala aire por la nariz. No puede respirar por la boca. Cuando abre la boca, se obstruye gran parte de la entrada de aire a los pulmones y se paralizan los músculos de la respiración. Si el caballo corre más de 20 segundos con la boca abierta, comienza a asfixiarse.

El aumento de la velocidad de desplazamiento, los estados de nerviosismo y la mayoría de las enfermedades de los caballos producen un aumento de su frecuencia respiratoria.

Por el contrario, cuando descansa o duerme, la frecuencia respiratoria disminuye.

Cuando el caballo galopa, el movimiento interno de sus vísceras ayuda a expulsar el aire de sus pulmones.

El ciclo de inhalación y exhalación es automático y necesita tiempo para aumentar su frecuencia y adaptarse a los cambios de velocidad.

El caballo no está preparado para cambiar de manera brusca la velocidad a la que se desplaza ni para correr a máxima velocidad durante mucho tiempo. Si tiene que hacer un esfuerzo físico prolongado, lo hace a una velocidad menor que la máxima. Cuando es obligado a correr a máxima velocidad durante más tiempo del que puede, se le dañan los pulmones y sufre hemorragias internas. La sangre sale de su cuerpo por la nariz.

DESCANSAR

Para descansar, el caballo duerme.

El principal elemento que utiliza el organismo del caballo para regular sus ciclos de sueño y vigilia es la luz y su variación entre el día y la noche.

Pasa la mayor parte del día de pie, hasta un 90% de su tiempo porque, para los herbívoros, estar preparado para huir es una estrategia de supervivencia. Para descansar mientras está de pie, el caballo ha desarrollado un sistema denominado "aparato recíproco de sostén". Mientras mantiene relajada y flexionada una pierna, la otra soporta todo el peso de los cuartos posteriores con un mínimo esfuerzo muscular. Cada lapso de tiempo, el caballo alterna la extremidad extendida con la que se encuentra en flexión. El descanso es una actividad que como siempre el caballo prefiere llevar a cabo en compañía de otros.

Muchas veces nos preguntamos si los animales son capaces de soñar como nosotros. Entre otras, las funciones del sueño son ahorrar energía, depurar las sustancias químicas del cerebro o fijar el aprendizaje y los recuerdos que se vivieron durante la vigilia. Los estudios electrofisiológicos sobre la actividad de su cerebro demuestran que los caballos presentan una de las fases del sueño idéntica a la que en el hombre corresponde a la experiencia de soñar, que externamente se manifiesta como los movimientos oculares rápidos. Por lo tanto, puede afirmarse que los caballos con mucha probabilidad sueñan, aunque el contenido de sus sueños será siempre un enigma.

PROTEGERSE

Para protegerse, los caballos viven siempre en grupos. Nunca viven solos porque estar solo no alcanza para darse todos los cuidados que necesita. Cooperan unos con otros para ofrecerse seguridad y bienestar entre todos.

Así, mientras la mayoría pasta o duerme, hay siempre uno o dos vigilando para avisar a los demás si aparece alguna amenaza.

Protegerse es parte esencial de la vida de los animales y en los caballos estructura sus comportamiento sociales, y las funciones en los géneros y entre adultos y crías.

Su principal manera de defenderse es la huida. Temen estar encerrados porque sin libertad no se puede huir.

Recorren muchas veces los mismos caminos para aprenderlos bien y así poder huir cuando no se puede ver por la oscuridad o tormenta (Lucy Rees, *La mente del caballo*).

Cualquier animal desconocido puede representar un peligro, así que prefieren evitarlos.

Ante una amenaza, tratarán de acercarse unos a otros para huir todos en bloque; así, si existe un depredador, se confundirá y no sabrá por dónde atacar. Los potrillos son los más vulnerables al ataque, por eso corren en medio de todos, apretados a sus madres. Los demás, gracias al sentido especial que tiene el caballo para la distancia entre individuos, evitan atropellarlos o pisarlos. Si algún caballo queda solo, será atacado (Lucy Rees, *La mente del caballo*).

Para el caballo son amenazantes también los objetos desconocidos que se mueven rápidamente o hacen ruidos estridentes. "Instintivamente" lo asusta cualquier cosa que lo toque o golpee por detrás por sorpresa y le haga parecer que es un depredador atacándolo. Su manera de defenderse será dar patadas. Asimismo, puede defenderse dando patadas cuando se lo acosa estando encerrado en un espacio sin salida.

Los caballos son muy curiosos y osados; aunque son precavidos ante lo desconocido, se acostumbran a eso nuevo una vez que se convencen de que no hay peligro o amenaza.

Al caballo no le interesa atacar a otros animales, porque sólo conseguiría ponerse en peligro, debido a que no tiene recursos naturales para el ataque, como garras, cuernos o dientes filosos.

Es un animal de sangre caliente, es decir, que mantiene su temperatura constante, independientemente de cómo esté el clima. No necesita ni le hace bien vivir encerrado o bajo techo. Viviendo a la intemperie, el crecimiento de su pelo reacciona de acuerdo al clima: cuando viene la época de frío, se pone espeso y, cuando es la época de calor, es menos abundante. Todos los pelos del caballo (no solo los de abrigo) cumplen una función esencial, desde los del interior de las orejas, los bigotes, hasta los que nacen junto a sus cascos.

Controlan, también, su temperatura desplazándose a zonas frescas o cálidas según el tiempo; transpirando cuando tienen calor o levantando el pelo cuando tienen frío.

Cuando llueve, el caballo gira las ancas hacia el lado de donde viene el viento y baja la cabeza para que no la alcance el agua. Las crines también ayudan a mantener la temperatura del cuello, ya que por este pasa la vena yugular llevando un gran caudal de sangre caliente.

Su cola larga les permite espantar las moscas y tábanos que los pican. Cuando descansan, se ponen cerca unos de otros para espantarse las moscas mutuamente.

ASEARSE

Lo que a veces se llama aseo mutuo o acicalamiento, es una actividad "social", más que de limpieza. Los caballos se rascan mutuamente mordiéndose con suavidad en distintas partes del cuerpo, mayormente en la zona de la cruz y en la grupa, donde les pican los piojos. Se tocan y se comunican mutuamente; a través de este tipo de contacto más íntimos o más osados se consolidan sus lazos afectivos y de confianza, además de eliminarse la picazón mutuamente. El contacto físico es crucial para la vida afectiva de los caballos y para el desarrollo de sus capacidades sociales complejas.

Para cuidar su piel y pelaje, los caballos se refriegan y se "bañan" en distintas sustancias y superficies, agua, barro, arena, pasto, nieve u otras. Se revuelcan de espaldas en el suelo para espantar insectos y rascarse la espalda, quitarse el pelo suelto o secarse si están mojados.

APRENDER

Aprender es algo que el caballo, como todos los seres vivos, no deja de hacer en ningún momento de su existencia. Desde las primeras horas de vida el caballo aprende motivado por su pulsión de vivir. El aprendizaje puede ser social (observación de otros, imitación, interacción) o individual. La exploración, el contacto, la experiencia son todas maneras en que los caballos aprenden y comprenden, son formas de conocer y dar significado, que se verán afectadas por el grado de libertad o de cautiverio en que crezcan. La exploración, la observación y el juego son algunas de las maneras en que los potros aprenden proactivamente.

Para el caballo, los juegos no son solo para divertirse, son la manera de aprender muchas cosas, entre ellas las normas de comportamiento que necesitan

en la vida adulta: la comunicación, la convivencia y las huidas coordinadas. Esto
no significa que los caballos no jueguen también solo por diversión o que siempre
jueguen con otros caballos. El juego entre los mamíferos sociales es una actividad
que todavía no ha sido explicada en su totalidad.

Mientras crece, el caballo empieza a jugar con los demás potros. Practican los
giros, los cambios, los arranques y los galopes juntos hasta que logran sincronizarse
muy bien con los demás.

Los potros machos también juegan a pelear y aprenden cuál es el más fuerte
sin hacerse daño, ya que los juegos tienen sus límites.

Aun de adultos, es frecuente que se pongan a jugar entre ellos. A mis caballos
los he observado hacerlo con frecuencia cuando llueve o está por terminar
de llover. Probablemente a través del movimiento más intenso, compensan la
temperatura corporal, que descendió a causa de que se mojaron el cuerpo.

APAREARSE

Aparearse, como comer o protegerse, son actividades que ordenan los
movimientos sociales de las manadas y sus individuos. En particular, la protección
y el apareamiento determinan en los caballos la conformación de las bandas
familiares y la banda de los machos solteros. Los caballos castrados no existen
en la naturaleza, pero la convivencia entre machos es posible en los grupos de
solteros, en donde se ha registrado que las cargas hormonales disminuyen durante
la convivencia entre individuos del mismo género. Las conductas sexuales y de
apareamiento son parte de las conductas sociales aprendidas por los caballos en
libertad en un contexto normal de supervivencia (un territorio con espacio natural,
alimento y predadores) y, contrariamente a lo que se cree, no todo en este ámbito
es agresión, lucha, competencia y dominio.

Hasta aquí este breve sumario de las actividades y comportamientos más
comunes del caballo. De todo esto, podríamos inferir que algunas de las cosas
más importantes para el caballo son: estar muchas horas comiendo y moviéndose,
la compañía y la libertad...

Más cosas sobre el caballo

Algunos comportamientos del caballo son innatos o instintivos, es decir que nace sabiéndolos, como, por ejemplo, correr junto a los demás caballos si todos corren o succionar de la teta para alimentarse. Otros comportamientos son aprendidos sobre la base de la repetición de conductas que les crean hábitos.

Cuando el caballo tiene un conflicto porque quiere o necesita hacer algo pero no se anima porque le da miedo como, por ejemplo, cruzar un arroyo, acercarse a otro caballo o elegir entre dos caminos, se pone nervioso y le cuesta decidirse. Entonces, hace cosas como comer nerviosamente, correr en círculos, relinchar llamando a sus amigos o patear el piso. Esto se llama "actividad desplazada".

Cuando el caballo no puede hacer lo que quiere o necesita, se frustra. Cada caballo reacciona a la frustración de acuerdo a su personalidad y circunstancia. La frustración puede darse cuando tienen hambre y no pueden buscar comida, cuando están solos sin compañía o cuando están encerrados sin poder salir. Algunos caballos se enojan y se ponen agresivos, otros se entristecen y deprimen, y otros se aíslan cada vez más en su misterioso mundo interior.

Hay cosas que siempre asustan a los caballos más allá de su personalidad como cuando quieren huir y no pueden hacerlo para ningún lado. Un caballo se pone agresivo solamente para defenderse cuando no puede escapar.

Lejos de ser agresivo, es defensivo, y valiente si le toca. Los estudios científicos muestran que cuanto más evite un semental las confrontaciones, más y mejor se crían sus potros, que representan su éxito en el mundo. El caballo está "dedicado" a la paz y armonía, que son las bases de su supervivencia. Es la paz la que permite la buena vigilancia, la comunicación clara y la buena cría (Lucy Rees).

Como ya mencionamos, viven en grupos familiares llamados "bandas". Tienen para comunicarse un lenguaje de señales corporales y sonoras que transmiten a los demás y son muy sensibles para detectar los cambios emocionales en otros.

Tienden a vivir siempre en el mismo grupo. Esto ayuda mucho a la armonía y la comunicación, ya que es más fácil interpretar las señales de un conocido que de un desconocido. Los lazos entre ellos son muy fuertes y, de ser posible, duran toda su vida. Esta es una de las claves para comprender no solo el comportamiento de los caballos, sino al Caballo en sí. Los caballos son "fibras de comunidad", y este es un aspecto muy relegado de su naturaleza de mamífero social. Sin embargo, es tan importante que gran parte de lo que un caballo es o puede ser, así como sus conductas y comportamiento, está fuertemente entretejido a su "naturaleza social" y a sus experiencias en este sentido.

Les he dejado una muy breve semblanza del caballo como especie con la finalidad de acercarles algo de información sobre lo que podríamos llamar la "naturaleza del caballo".

Para finalizar y retomando lo que al principio de este libro les decía, lo único que los caballos necesitan como especie es que los dejemos en paz. La realidad es que el caballo no necesita al hombre. La relación con estos animales ha estado signada por nuestra necesidad, intención o capricho. Cómo ha sido, cómo es, cuál podría ser (cuál será) y qué nos dice sobre nosotros este viejo *idilio* son los temas que siguen.

El trato que los hombres dedican a los caballos y a otros animales

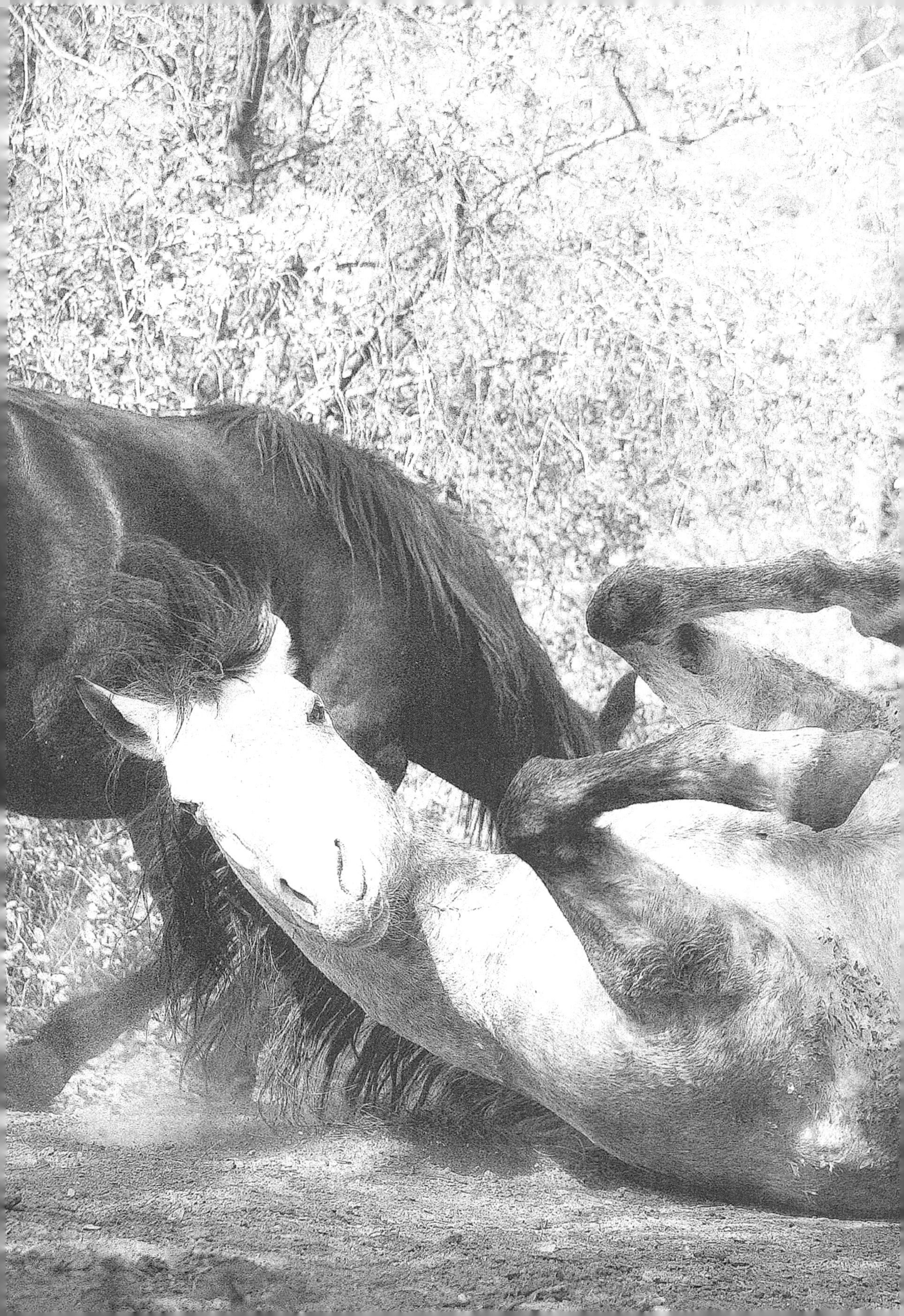

El trato que los hombres dedican a los çaballos y a otros animales

Durante el inicio de la era instrumental, se consolida en Occidente la creencia de que el hombre tiene derecho a intervenir en el mundo circundante, es decir, la percepción en nuestra cultura de que la Naturaleza es una mina de recursos listos para ser explotados, administrados o usados. Los seres humanos y los animales serán percibidos durante este período como piezas de un modelo mecánico de la vida, máquinas, herramientas o también recursos ("recursos humanos", "capital humano", "recursos naturales"), que pueden ser manejados o utilizados por aquellos que tienen derecho a hacerlo.

La cuestión del otro: breve panorama histórico-cultural

Ese ojo que tú ves
no es ojo porque tú lo veas;
es ojo porque te ve.
Antonio Machado

Nosotros, animales sintientes (que sienten)

La cuestión del otro es tema de estudio de la sociología, la filosofía y
la educación, entre otros, porque tiene exactamente que ver con nuestra
cultura, cosmovisión, sociedad. Pero, tal vez, podamos también aprender algo
replanteándonos nuestra visión de los animales. El tema de la exclusión de "lo
diferente", de los que son diferentes, es un tema para sociólogos, educadores
e historiadores o filósofos; aun así, el simple hecho de salir de nuestro
antropocentrismo y de nuestro etnocentrismo, considerando también a los
animales como entidades con emociones y personalidad propias, podría ayudarnos
a entenderlos mejor y, con suerte, a entendernos un poco más a nosotros mismos
y entre nosotros.

¿Antropomorfismo o antropocentrismo?

Se sabe que para el hombre primitivo no había marcadas diferencias entre él y
los animales. Para el primero, ambos eran manifestaciones de la vida: aquí (en mí),

la vida se manifestaba con esta forma; allá (en el otro), se manifestaba con otra. Los animales eran considerados solo seres, diferentes en algunos aspectos físicos, y similares en otros. Muchas veces se habla erróneamente de "antropomorfismo" (anthrōpos = hombre y morphē = forma)[8]; ellos sabían perfectamente las diferencias de forma entre el hombre y los animales, pero también reconocían las similitudes. Y no tenían dudas.

De aquí que, lo que no poseían es este antropocentrismo que nos hace creer que los sentimientos, las emociones y la inteligencia son patrimonio exclusivo del ser humano. Eso no tiene ningún fundamento, salvo la ignorancia. Desde el punto de vista científico, aún se sabe poco sobre estos temas, y una de las grandes dificultades es el miedo en la comunidad científica de ser acusada de antropomorfismo.

Ahora, los científicos han comenzado a hablar de que los animales sí tienen emociones, pero no sentimientos, mas todavía no está todo dicho. En todo caso, la neurociencia cognitiva es una ciencia bastante nueva. Marck Bekoff, el famoso etólogo cognitivo dice : *"Los humanos y otros animales comparten el aparato neural y neuroquímicos que fundamentan la expresión y la experiencia de una amplia variedad de emociones. Sabemos que muchos animales experimentan vidas emocionales ricas y profundas. Ellos sienten emociones, tales como júbilo, felicidad, miedo, ira, aflicción, celos, resentimiento y vergüenza (Bekoff 2000a, b; 2006; Panksepp 2005a, b; de Waal 2005). Algunos, incluso, pueden tener un sentido del humor o hasta un sentido de temor. Quizá, algunos animales se maravillan ante sus alrededores y sólo disfrutan el estar ahí mientras viven. Mientras aquí me concentro en los mamíferos, hay fuerte evidencia de que también las aves tienen ricas vidas emocionales (Skutch, 1996; Bekoff, 2000a, b; 2002a; Rothenberg, 2005) y que los peces tienen sentimientos y sienten dolor (Sneddon, 2003)"*.

Bueno, siempre pasa lo mismo con la ciencia: busca ir sobre lo seguro, aunque a veces es un poco lenta. Piensen que, desde que René Descartes dijo que

(8) El único caso de antropomorfismo histórico que conozco es el de darle forma humana a nuestros dioses, lo vemos en la mayoría de nuestros panteones, incluso en el judeocristiano: "Y creó Dios al hombre a su imagen, a imagen de Dios lo creó; varón y hembra los creó". (Gen.1.27)

los animales eran máquinas sin alma y Nicolás Malebranche, filósofo francés y seguidor de Descartes, afirmó que los animales comen sin placer, lloran sin dolor, actúan sin conocimiento; no desean nada, no saben nada, la "ciencia" tuvo que aprender bastante para poder salir de esa visión tan limitada que habían adoptado sus "padres fundadores".

Todavía queda mucho por descubrir sobre la forma, el tamaño y las estructuras del cerebro. ¿Están directamente relacionadas con la inteligencia? ¿Y qué hay de las emociones? Hoy, cuando recién se está hablando de inteligencia emocional en las personas, ¿qué se sabe realmente de los sentimientos y de los sueños en relación con los animales?

En fin, durante siglos, en la sociedad occidental, nos asignamos derechos únicos, pues creíamos ser los únicos en tener inteligencia, sentimientos, emociones, alma, y demás, y eso nos permitió y nos permite seguir haciendo todo tipo de agresiones y barbaridades a otros seres.

Los animales sentimos. Más allá de que haya una gran diferencia entre sentimiento y emociones para la comunidad científica, la mayoría de las veces lo que sienten los animales no humanos es fácilmente apreciable.

¿Es una cuestión de formas?

Decía que para el hombre primitivo, el animal y el hombre eran la misma vida con distintas formas, pero en la sociedad occidental no ocurrió lo mismo. Ciertas creencias diferentes originaron actitudes diferentes frente al otro.

Y dijo Dios: *Hagamos al hombre a nuestra imagen, conforme a nuestra semejanza; y que señoree a los peces del mar, a las aves de los cielos, a las bestias en toda la tierra, y a todo animal que se arrastra sobre la tierra (...).* Génesis I: 26.

Y los bendijo Dios, y les dijo: Fructificad y multiplicaos; llenad la tierra, y sojuzgadla, y señoread a los peces del mar, a las aves de los cielos, y a todas las bestias que se mueven sobre la tierra. Génesis I: 28.

Ya desde tiempos remotos, en las creencias de Occidente, le dimos a Dios nuestra forma y, a partir de ahí, todo lo que no tenía "imagen divina" se consideró inferior y destinado al servicio o al consumo humano, sea para entretenimiento, trabajo, compañía...

Luego, le dimos a nuestra imagen "divina" unas medidas únicas, y a todo aquel que no era igual (negros, indios, mujeres) se lo consideró inferior y destinado al servicio o entretenimiento, trabajo, compañía... El hombre *(vir)* es un ser particular que se ve como ser universal *(homo)*, que tiene el monopolio, de hecho y de derecho, de lo humano (es decir, de lo universal), que se halla socialmente facultado para sentirse portador de la forma completa de la condición humana (Bourdieu, P.).

Tal vez esta idea de una forma completa y otras incompletas, ha dado lugar a teorías como "la envidia del pene" o su contraparte. Vuelvo a remarcar la vigencia de este modo, esta "lógica", en nuestra sociedad occidental.

Las posesiones

En la antigüedad se creó el concepto de "propiedad"; antes de esto, probablemente, la gente no tenía posesiones reales. Sin embargo, desde el comienzo de la domesticación –algunos investigadores dicen que esto sucedió hace unos 10.000 / 5.000 años– muchas culturas comenzaron a poseer "cosas" y también seres vivos, como esclavos, sirvientes. La tierra, el ganado, los árboles y animales se convirtieron en propiedades y riquezas. Los hombres no hacían el amor, "poseían a sus mujeres".

El idioma inglés (moderno) tiene lo que se llama el artículo neutro, "it", para referirse a las cosas y a los animales. pero en la antigüedad el "tú" (Thou) era el artículo que se usaba para los animales (y es reemplazado por "it" en la modernidad).

Si "el otro" se convierte en "lo otro", es más confortable la idea de la posesión. Tal vez porque, como dice Gilles Deleuze: *El otro no puede ser separado de la expresividad que lo constituye. Aun cuando consideramos el cuerpo del otro como un objeto y sus orejas y sus ojos como apéndices anatómicos, podemos ni siquiera despojarlos de toda expresividad, aunque simplifiquemos hasta el extremo el mundo que expresan.*

Pensamos en el caballo como una posesión, y "posesión" significa control, algo para manejar a nuestro antojo. Pero ¿qué pasaría entonces si viéramos a un animal como el caballo como el "otro", como un individuo? Cuando reconocemos al caballo como a "el otro", la relación es más posible que la posesión. La relación como acto transitorio, el encuentro de dos voluntades, dos expresividades, dos mundos. Esto es mucho más maravilloso y rico. ¿No es eso lo que tanto nos admira? El caballo cuando se expresa como es: veloz, poderoso, majestuoso, libre... ¿No es ese el mundo en el cual queremos sumergirnos, cuando nos acercamos a él, llenos de amor y admiración?

Y es que las nociones necesarias para la descripción del mundo (...) permanecerán vacías e inaplicables, si el "otro" no estuviera ahí, expresando mundos posibles. Gilles Deleuze.

El miedo al antropomorfismo

Se habla mucho sobre antropomorfismo en la idea que nos hacemos de los animales, sus emociones, su psiquis o su conocer. Esta idea muchas veces influye en nuestro trato o consideración hacia ellos. Como hemos visto, mucho de lo que subyace en nuestra concepción de los animales es cultural, está enraizado en creencias religiosas y responde a nuestras necesidades. Hay todo tipo de preconceptos sobre los animales y sobre ciertas situaciones. A veces se describe como "sensiblería" a la empatía que muchas personas desarrollan junto a ellos (sobre todo las mujeres) y hasta se considera el caso poco serio o no científico.

> *Antropomorfismo es un concepto extraordinario. Puede ser el único ejemplo de una idea inventada exclusivamente para Dios, y que luego fue trasladado sin cambios para referirse a los animales.*
> Marie Midgley.

Una vez, durante una entrevista radial, el conductor del programa me habló de la importancia de "pensar como un caballo". Yo pensé cuán valiosa es esa percepción cuando es bien entendida pero, en ese momento, solo vino a mi mente lo mucho que esa frase ha servido al *natural horsemanship*[9] y métodos similares, como una excusa y un eufemismo para abusar de los caballos de muchas maneras. Por eso le sugerí que sería más importante que, en primer lugar, pudiéramos "pensar como seres humanos", y tratarlos como nos gustaría ser tratados a nosotros.

Algunas personas con aspiraciones "científicas" tienen miedo al antropomorfismo. Esto sucede, incluso, entre los mismos científicos: basta recordar cómo, en la comunidad científica, muchos se mofaban de Jean Goodall cuando hablaba de los chimpancés que se dedicaba a estudiar.

Algunos sienten que los animales merecen un "trato diferente" y por esto invalidan hasta las comparaciones más lógicas entre los humanos y los animales. Con los caballos, esto suele ocurrir a menudo.

Desde mi primer maestro de doma india hasta los más conocidos susurradores con sus sombreros de cowboy, todos tratan de probar la cualidad científica de sus conocimientos o métodos, y temen parecer poco serios y pecar de antropomorfismo. Por ejemplo, no dudan en asegurar que el caballo está aquí para servirnos, abogando así por el antropocentrismo (etnocentrismo), que ha causado tanto o más daño a todos los animales y a la naturaleza en general.

(9) Doma natural, conocida coloquialmente como el "susurro del caballo". Es un término genérico para una variedad de técnicas de entrenamiento de caballos que han visto un rápido crecimiento en popularidad desde la década de 1980. Las técnicas varían en sus postulados precisos, pero en general comparten los principios del desarrollo de una buena relación con los caballos, el uso de técnicas de comunicación derivados de la observación de caballos que vagan libremente, y el rechazo de los métodos de entrenamiento abusivos.

Simpatía

Digamos que alguien mira hacia una planta que se encuentra en una maceta dentro de la casa. Por el mirar compasivo, en vez de observar si gusta de ella o no, se pregunta, ¿cómo se sentirá ella, sin la luz del sol, el agua de la lluvia, y sus plantas amigas y compañeras?

Cuando miramos una planta pensando si nos gusta o no, nuestra mente opera obstruida por la sensación de gustar o no gustar.

Una inteligencia mayor es que miráramos hacia aquella planta preguntando, ¿qué necesita ella? Y, más que eso, nosotros podemos mirarla y ver con los ojos del buen jardinero cuáles flores y frutos tiene esa planta escondidos dentro de ella, y que ella misma no sabe. (...) Mirar al otro y ver qué afecta la existencia de él, así nosotros manifestamos de forma positiva cómo podemos remover los obstáculos, eso es compasión. Para promover las cualidades positivas, eso es amor.
Padma Samten, Lama

En principio, veo que lo que mucha gente hace cuando se preocupa por lo que siente un animal, no es antropomorfismo. Lo que hacemos no tiene nada que ver con eso, sino con la empatía y la compasión: la simpatía. No es solo piedad, sino compasión, casi en el sentido budista de la palabra.

He escuchado que algunos definen la compasión como *"la empatía en acción, esa que se basa en un pleno deseo de conectarse con otros y responder a sus necesidades"*. Dice Jose Antonio Gonzalez: *"Para la Inteligencia Emocional por* **'compasión'** *nos aproximamos más a la definición que hace de ella Confucio:* **'la preocupación respecto a alguien sintiéndose solidario'** *y en este caso sentir compasión no requiere sentir pena o que el otro esté sufriendo y no presupone o espera algo a cambio.(...)*

De esta forma un educador o educadora puede sentir compasión por sus alumnos y alumnas no por pena sino por el pleno deseo de conectar con ellos y de responder a sus necesidades."

Aquí hay otra definición:

La compasión (del latín cumpassio, calco semántico o traducción del vocablo griego συμπάθεια (sympathia), una palabra compuesta de συν πάσχω + = συμπάσχω, literalmente "sufrir juntos", "tratar con emociones", simpatía) es una emoción humana que se manifiesta a partir del sufrimiento de otro ser. Más intensa que la empatía, la compasión describe el entendimiento del estado emocional de otro y es, con frecuencia, combinada con un deseo de aliviar o reducir su sufrimiento.

La compasión es ese impulso que nace al ver y sentir el sufrimiento de los demás y nos lleva a hacer algo al respecto. Por ejemplo, uno puede tratar de remediarlo o pensar "¿cómo me sentiría yo en esta situación?". Esto no es un antropomorfismo, es empatía y simpatía. Es percibir la situación del otro y actuar acorde a lo que el otro necesita. ¿No tienen acaso los animales emociones, personalidad, carácter?

No pretendo hacer una reflexión sobre budismo ni un alegato a la compasión; sin embargo, lo interesante es que funciona perfectamente con los caballos.

Los que quieran que su relación con los caballos florezca, deben utilizar la compasión como su principal herramienta.

El secreto de la relación con el caballo es que se debe amar su esencia mientras lo observas. Tienes que sentir su dolor, el miedo y el malestar como el tuyo propio. Tienes que amar su punto de vista extraño (desde el punto de vista humano) y tratar de compartirlo. El secreto del alma de un caballo es que el caballo no te debe nada y no tiene necesidad de obedecerte. Alexander Nevzorov[10]

---

(10) Alexander Nevzorov es uno de los hombres más remarcables de la historia ecuestre; sus logros en la enseñanza del caballo son indiscutibles. Para más información pueden consultar su web http://hauteecole.ru/

Libro II
...No confíes en el hombre

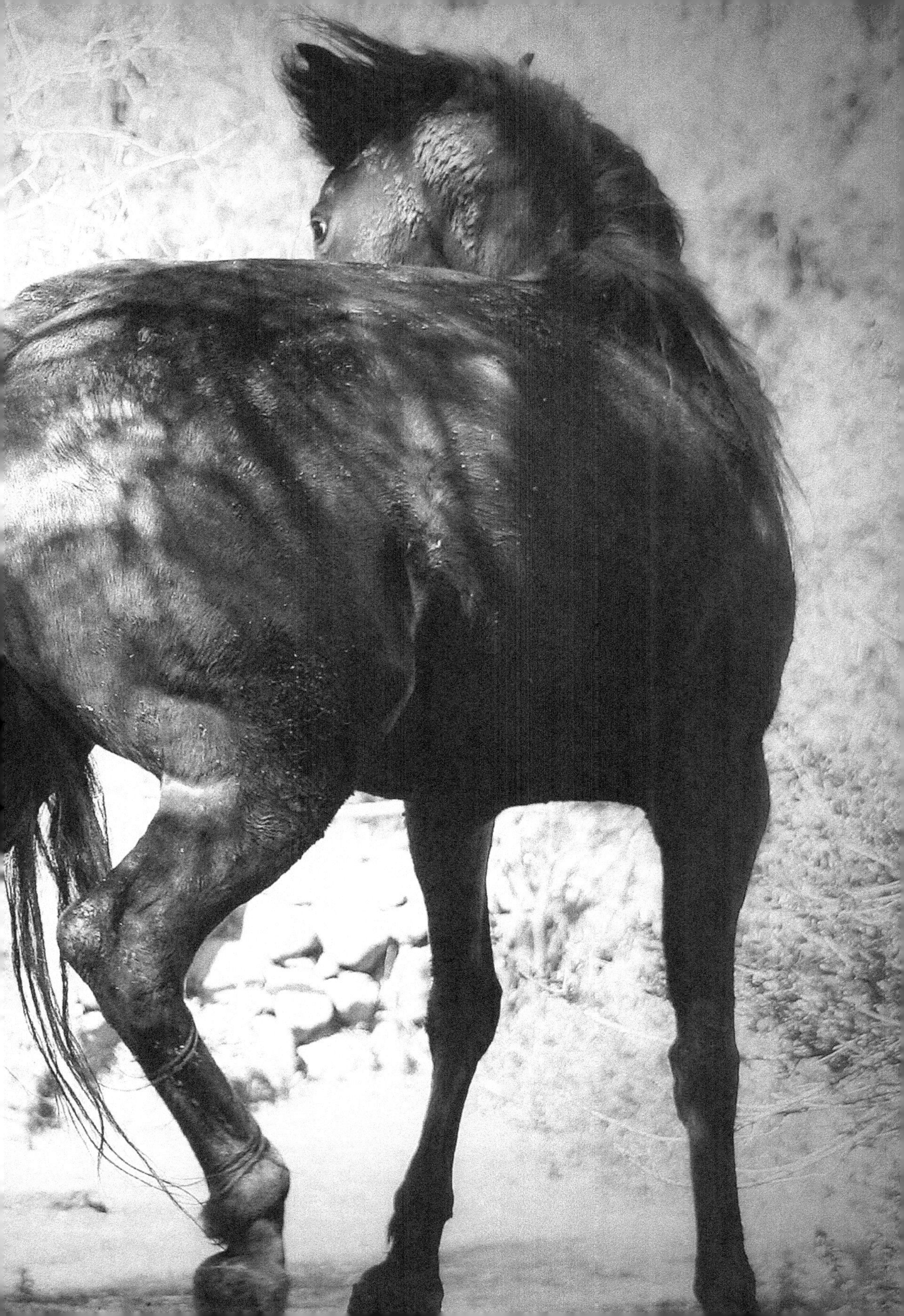

De lo ecuestre y de la equitación

De lo ecuestre y de la equitación

Los hombres y los caballos, ¿un viejo romance?

Cras amet qui nunquam amavit; quique amavit cras amet.
[Deja que mañana amen todos aquellos que nunca han amado
y deja que todo aquel que amó vuelva a amar.]
Pervigilium Veneris, autor anónimo

Muchas personas creen en el amor sin haberlo experimentado nunca; otras, habiéndolo probado o intuido en algún momento de su existencia. Algunos hablan de que el amor varía de una cultura a otra o de una a otra época; unos creen que se aprende de niño o de adulto, otros que se trae desde las experiencias en el útero.

Más allá de todas las versiones, hay algo en lo que todos concordarían: el amor en cualquiera de sus formas es, de alguna manera, interés sincero por el bien de lo que amamos, por su crecimiento, por su cuidado o protección. Excluye o debería excluir siempre el interés de controlar o dominar al otro, a riesgo de dejar de ser amor, para convertirse en otra cosa y así dejar de existir. El amor a los caballos no es diferente, o no debería serlo[11].

A través de miles de años de historia y estudio, el ser humano viene logrando controlar al caballo. La eficiencia y eficacia de este control depende, por supuesto, de las habilidades de cada persona en la aplicación de los métodos para ello. En

---

(11) Si bien últimamente me he cuidado de usar ciertas palabras, suelo describir esta situación a través del término "vínculo amoroso" (por supuesto que también podría decir un "vínculo respetuoso"). Mas, cabe aclarar que no me refiero al amor en su dimensión romántica, sino a esa bella concepción del amar que lo encuentra, simplemente, en el acto de conducirse de manera tal, que el Otro surge en su legitimidad con uno. Nota de la segunda edición

general, estos no varían mucho, sino en los diferentes grados de dolor, presión, amenaza, daño, condicionamiento o herramientas utilizadas.

Lo anterior sería el factor humano, por decirlo de alguna manera, ya que involucra habilidades y herramientas. Respecto del caballo (claro que solo vamos a incluir aquí los que han experimentado el control humano), tenemos también algunas variables (variabilidades) en relación con el grado de sumisión, condicionamiento, indefensión, entrenamiento, resistencia al dolor, capacidades cognitivas todavía sanas, estado físico, psicológico, personalidad, temperamento, historia particular.

Más allá de todo, podemos decir que "gracias a eso" una persona cualquiera con unas pocas herramientas "básicas" puede, con relativa facilidad, montar un caballo con éxito.

Elementos básicos para la monta o el manejo del caballo

El principal elemento para montar no es, como algunos pensarían, el bocado, sino, como mencioné antes, el control psicofísico del animal. Así mismo, como señalé antes, gracias a toda la experiencia acumulada durante siglos, esto es relativamente fácil, sobre todo con animales que ya han vivido algún proceso de amanse o habituación a la presencia humana. Esto no quiere decir que todas las experiencias en el ámbito de la equitación, o incluso de la relación con los caballos, hayan estado regidas por el control y el dolor. Ha habido, a lo largo de los miles de años, algunas pocas excepciones que son las que se han caracterizado, básicamente, por la ausencia de control a través del dolor. Me referiré a ellas con detalle más adelante.

Entonces, para seguir coherente con la línea de mi análisis, queda decir que el elemento de control histórico por excelencia ha sido el dolor. El miedo ha tenido su participación en el proceso de control, pero siempre ha sido muy cuestionado, pues un animal demasiado miedoso o presa del pánico se vuelve rápidamente inútil para cualquier fin de uso o, incluso, dada la fuerza y el tamaño del caballo, lo torna peligroso.

De esta manera, el arte de producir dolor sin producir miedo para generar control y resignación al sometimiento ha sido y sigue siendo el arte de la equitación tradicional y moderna, de la doma o el entrenamiento. La forma, la medida o la sutileza pueden variar, pero la esencia sigue siendo la misma. Controlar la voluntad y lograr así la obediencia. Una vez logrado este estado, el caballo, este individuo particular, se considera domado.

Domus, Domo, Dominus

Todas las especies de équidos fueron domesticadas o dominadas a lo largo del Neolítico, aunque las fechas precisas se discuten todavía con apasionamiento. La teoría más generalizada es que el caballo propiamente dicho empezó a domesticarse para el trabajo en las estepas durante el IV milenio a. C.

La "domesticación" se define como el proceso mediante el cual una población animal se adapta al hombre y a una situación de cautividad, a través de una serie de modificaciones genéticas que suceden en el curso de generaciones, y en una serie de procesos de adaptación producidos por el ambiente y repetidos por generaciones (Price, 1984). De miles de especies de animales, solo unas pocas han sido domesticadas. Los atributos naturales de estos animales hacen posible la domesticación: todos son animales sociales con un sentido de "grupo" que les permiten interactuar y cooperar. Además, estos animales pueden aceptar otras especies como "miembros honorarios" de su propio grupo (Beck, 2007). Los cazadores-recolectores indígenas hoy todavía amansan animales salvajes como mascotas, por lo que esto podría haber sido natural para los primeros

Homo sapiens, quienes eran, además, anatómicamente idénticos a nosotros. Como subproducto de la caza por la carne, los potrillos capturados algunas veces podrían haber sido adoptados y criados como animales domésticos. Así, otros usos, además del alimenticio, habrían evolucionado en algún momento entre el Neolítico y la Edad del Bronce temprana (Levine, 2008). Sabemos, por la dificultad de domesticar a los últimos ejemplares del caballo salvaje, el Przewalski, que la domesticación debió haber dependido de los cambios genéticos casuales que habrían predispuesto a algunos caballos a aceptar la crianza en cautividad.

Hoy sabemos que la domesticación del caballo que se llevó a cabo hace miles de años es tan solo una parte de la historia. A pesar de que el caballo como especie no existe ya en estado salvaje, es difícil llamarlo "doméstico", como podríamos llamar a un perro o un gato. Este animal, cuando no es criado como ganado, por su carne, además de la condición de domesticidad, debe cumplir otros requisitos para serle útil a los humanos. Estos requisitos son:

El amanse, que permite al hombre el acercamiento y el manejo del caballo sin montar.

La doma[12], que permite montar o usar al caballo para transporte, arrastrar objetos, carros, trabajar, viajar, pasear, etcétera.

El entrenamiento, que permitiría usar al caballo ya domado en alguna actividad ecuestre de las que llaman "deportivas": salto de obstáculos, adiestramiento, carreras, karting, polo, etcétera.

Voy a analizar el panorama general y repasar algunos conceptos que considero necesarios para una clara comprensión de este tema.

Estoy de acuerdo con que la visión respecto a los animales en general, y hacia los caballos en particular, está cambiando. La necesidad de las personas de un

---

(12) Se refiere al acto de domar, también se dice desbravar en español, *to break* en inglés y *débourré* en francés.

trato más humano hacia ellos llevó al desarrollo de los distintos métodos de domas más "racionales" (que buscan racionalizar el entrenamiento o racionar la violencia), que ponen de manifiesto la necesidad que hoy día tenemos de encontrar "otra manera" de tratar a los caballos. En estas metodologías alternativas existe, incluso, la tendencia de remarcar en la palabra "doma" un aspecto positivo, adjuntándole adjetivos como "natural", "racional" y "no violenta", o de intercambiarla con otras palabras como "amanse" o "susurro".

Mucho se ha usado la palabra "amanse" como sinónimo para nombrar un modo de domar más gentil. Yo mismo, también, en alguna parte de mi recorrido como domador, traté de darle peso a la posibilidad de una acepción positiva a los términos "doma" y "amanse", como lo están haciendo ahora en todo el mundo muchos otros domadores[13].

Al principio, la comparé con la definición de domesticar de Saint-Exupéry en su libro *El Principito*. Creo que fue Lucy Rees, etóloga, escritora y entrenadora equina, la que buscó las raíces de la palabra y dijo algo como "Domar viene de *domus* (casa) y no de *dominus*".

Rees intentó deshacer la relación etimológica de la palabra "domar" con "dominar" al decir "Doma viene de domus" –quizá, en un intento de darle a su método llamado Doma Natural, otra apariencia–. Pero ambas palabras en su origen, etimología y uso están relacionados al control. "Dominar" viene del latín *dominare* que significa "tener bajo su poder o control". Casualmente, sus componentes son *domus* (casa) - *inus* (sufijo: que significa relativo a).

Las palabras Domo o *domus*, por supuesto que guardan relación con el espacio. *Domi*, es la morada o espacio para morar, mientras que *foras* es todo aquello que está más allá del umbral. Esto se refiere a que el espacio dentro de una ciudad o una casa no tenían las mismas características en la antigüedad que los espacios de afuera *(foras)*. Las casas y las ciudades estaban bajo el control, la protección y poder de alguien en particular (hombres, dioses o ambos). Lo que intento señalar con todo esto es que "domo" (casa) y *dominus* (dominar) tienen

---

(13) Se le ha llamado amanse, susurro, doma natural, doma racional, domas no violentas, doma baqueana, doma inteligente, doma y manejo natural, *horse wispering, taming, wispering, join up, natural horsemanship, natural training, liberty training,* entre otros.

raíces en el control, la posesión y el sometimiento relacionados al espacio de habitar[14].

Ahora bien, detrás de todos estos vanos intentos, hay una idea de suave y gentil proceso de sometimiento, que no se corresponde en la práctica, como veremos más adelante.

Entonces, ¿qué procesos involucran, para la especie equina, el amanse, la doma y el entrenamiento?

Domesticación / Amanse / Doma

Las simples definiciones no describen el proceso normalmente aceptado de *doma* o *domesticación* del caballo y por eso es necesario un análisis. Existe la naturalización de la violencia en el trato hacia los caballos, y es histórica o tradicional en la mayoría de los casos.

Explicar cómo se lleva a cabo la doma o qué implicaría para el animal el proceso de domesticación puede llevar a la gente a darse cuenta de los eufemismos que todavía existen en el mundo ecuestre, que muchas veces resultan engañosos y dañinos para la relación entre el caballo y el humano.

Veamos primero brevemente los términos más comunes. Generalmente, hablamos de domar caballos, entonces por allí empezaremos este recorrido.

Dice una definición: domar: tr. Amansar y hacer dócil al animal mediante el entrenamiento. Esta definición presenta *domar* como una manera de amansar. La definición de amansar dice: amansar: tr. y prnl. Hacer manso a un animal, domesticarlo (hacer doméstico algo; doméstico viene de domus, casa). Básicamente, se refieren a docilizar y domesticar.

En principio, debemos aceptar que aquí no se aclara cómo se logra "hacer doméstico al caballo". Lamentablemente, esta definición no dice cosas como:

---

(14) Hasta el siglo XIX, el término "tierra de nadie" se refería a aquellos otros "paraderos" más allá del espacio consagrado en las ciudades. Incluso en las historias populares antiguas podemos apreciar cómo los viajeros se refugian entrando a casas u otros espacios protegidos (alcanzando su "adentro") al ser perseguidos por espíritus malignos. Sólo el dueño de casa tiene el control en esos espacios. Una vez atravesada la puerta -el lugar en donde se levantó *(portat)* el arado que demarcaba las murallas que contendrían el espacio interno de la ciudad o vivienda- los viajeros podían estar a salvo, pero supeditados a la voluntad del *domno* o señor *(dominus)*.

"Domar es domesticar un animal de manera no violenta" o "excluyendo la violencia en todos los casos". Sería maravilloso que así fuera, ¿no es cierto?

¿Es siempre nuestra manera de acostumbrar a un animal a la presencia humana, bondadosa y no violenta?

¿Qué implica la domesticación para la vaca, el perro y el caballo?

En general e históricamente, no domesticamos a los animales al azar (si bien el hombre ha tenido todo tipo de mascotas). La domesticación tiene más que ver con el uso que hacemos de ciertas especies y razas o lo que esperamos de ellas.

Domesticar: tr. Acostumbrar a un animal salvaje a la compañía de las personas. Incluso aquí, domesticar tampoco explicita el proceso y el accionar humano que llevan a un perro al trabajo de rescate, al caballo a la carreta y a la vaca al refrigerador.

Todavía hoy, a pesar de la milenaria selección e intervención humana en los équidos, no se ha "creado" un caballo al cual el encierro permanente en un box o el peso del jinete no le causen algún tipo de daño [15]. Por eso debemos prestar suma atención a los procesos y a la realidad de los hechos.

En líneas generales, pareciera que la domesticación solo beneficia a una especie: la nuestra. Tres de los parámetros de bienestar planteados para los animales de granja por el Animal Welfare Council (1979, Cran Bretaña) son: ausencia de hambre y sed, ausencia de incomodidad y ausencia de dolor, daños o enfermedad. Esto se refiere pura y casi exclusivamente a animales amansados y domésticos.

¿Por qué creen que se ha hecho esto? Esta reglamentación y las protestas de muchas personas en el mundo nos dan una idea de cuál es la realidad respecto de los animales, sus usos, su enseñanza, su amansamiento y su destino cuando están bajo nuestra tutela o servicio. Para quien desee más información sobre los problemas y dificultades que implica la domesticación, puede ver el documental Earthlings.

(15) Para ampliar la información sobre este tema pueden leer también "La sonrisa del caballo", entre mis artículos publicados en 2012- 2014.

Si hablamos de reglamentaciones ecuestres, La FEI (Federación Ecuestre Internacional) tiene reglamentos, pero ¿acaso no existe el RollKur? Esta técnica de hiperflexionar a un caballo, que termina dañando los ligamentos de la nuca, ¿no se practica aún en las competencias y delante de los jueces? Por supuesto que hay mucha gente en contra de esta práctica dañina, pero ¿dejará la hiperflexión de ser usada en los entrenamientos diarios si es que se prohíbe durante las competencias?

Yo creo que, como tantas otras cosas respecto al mundo del caballo, van a dejar de existir en parte cuando las personas entiendan el malestar y el daño que estas les producen.

Por último, si el domar, amansar y domesticar fueran absolutamente intercambiables, no diríamos "amansar un lobo" o "domesticar una cebra"; de hecho no lo hacemos, decimos "domar", "domesticar", "amansar", para casos distintos como en inglés se dice to break[16], *to domesticate, to tame.* Si tuviéramos que aparear estas palabras, diríamos: domesticar *(to domesticate),* domar *(to break)* y amansar *(to tame).*

Como mencioné al principio de este capítulo, para referirnos al caballo usamos "amansar", "domar"[17], "entrenar"[18], "domesticar", y cada uno de estos términos es distinto e implica para el caballo procesos diferentes, sin los cuales el caballo es "inútil" al propósito humano salvo como ganado[19].

Durante la historia de la relación hombre-caballo, diferentes culturas han adoptado al caballo como animal por excelencia. Distintos pueblos tuvieron un acercamiento más activo, más íntimo, como los mongoles y los beduinos.

De todos, la relación de los nativos de América con sus caballos es útil de remarcar. El llamado *horse complex* se produjo tanto en América del Sur como

(16) *To break* en inglés significa también "romper/quebrar".

(17) En España, se usa "desbravar", en francés *débourrer.*

(18) El entrenamiento puede ser para alguna disciplina ecuestre en particular o general (*dressage,* rejoneo, salto, etcétera). Nótese que en España se llama "doma vaquera" a un tipo de actividad ecuestre.

(19) En este estadio "inicial" o básico de "domesticación" se lo llama potro, cerril, bronco, chúcaro, etcétera.

del Norte. Estas culturas dieron origen a metodologías de control que, se cree, utilizaron el dolor o el miedo en grados algo menos dañinos para la psiquis equina, produciendo así mejores resultados respecto de la obediencia y la "colaboración" de sus caballos. Aprovechando la biología gregaria del caballo, los beduinos fueron seleccionando animales y generando cierto grado mayor de domesticidad. Pero, así y todo, no se caracterizaron por un grado menor de barbarie. En cambio, se estima que, entre los indios de las praderas del sur y del norte de América[20], se desarrollaron algunas metodologías menos violentas para controlar y someter a estos "nobles animales".

Hoy, algunas de estas antiguas ideas se están poniendo de moda en ciertos círculos ecuestres, generando el boom de lo que ahora se llaman domas naturales, domas no violentas, doma india, entre otras y, en inglés, *whispering* o *natural horsemanship*. En el siguiente capítulo, voy a profundizar en estos temas y veremos, entonces, si existen diferencias entre estos nuevos métodos y las domas tradicionales, pero primero veamos qué es la doma.

Domar[21]

¿Qué es, entonces, domar?

Domar o amansar, como se dice ahora, es preparar al caballo para la servidumbre. Prepararlo y condicionarlo para obedecer sin cuestionar, para obedecer siempre, a pesar de que todo su ser le indique lo dañino que es para él mismo realizar la acción que le ha sido ordenada.

Esta obediencia es esencial y se logra coaccionando y condicionando. Digo que es esencial, ya que, de otra manera, ningún animal sano se prestaría a soportar lo que comúnmente se espera que el caballo acepte: un tipo de vida y actividades que deterioran su salud psicofísica y su integridad.

---

(20) Para ampliar la información sobre este tema pueden leer también *Los indios y sus caballos* publicado en el libro *Y le susurré al caballo,* 2017

(21) Desambiguación: Siempre que me refiero a "la doma" es en su sentido de "desbravar", de domar, y nunca en el sentido de entrenar para la disciplina ecuestre española llamada Doma Clásica

Sé que existen ciertos métodos llamados más racionales y más naturales que otros, y no dudo de que lo sean, pero ¿cuál es el fin último de todos ellos? Lamentablemente para el caballo, el fin es la servidumbre. Esta servidumbre "necesaria" que transforma todas las buenas intenciones solo en intenciones, pues la única posibilidad de lograr que algún animal sano haga algo dañino para sí mismo es obligándolo o manipulándolo.

Por supuesto, en el ambiente ecuestre, todo esto se dice en "lenguaje técnico" y, por esto, la perspectiva que estoy exponiendo les resulta extraña a muchos, aunque hagan equitación o tengan caballos. Pero por más eufemismo o poesía que se use para describir la relación hombre-caballo (palabras bonitas como binomio, comunicación, ayudas, entre otras), ¿qué tipo de diálogo o comunión puede haber entre dos seres, cuando uno de ellos ordena –por lo general, una acción que produce dolor o incomodidad– y el otro debe obedecer?

Deben saber que la mayoría de las acciones "normales" realizadas por los caballos en el marco de su relación con el hombre son para ellos dolorosas, incómodas, dañinas o insalubres. ¿Cómo es posible esto? En principio, porque la historia ecuestre es larga y proviene de una época en donde los animales, en general, eran considerados bestias al servicio y para el provecho del hombre. También, antes de los motores y sus "caballos de fuerza", los esclavos de las galeras, los caballos de los carruajes, los bueyes con el yugo, eran parte esencial en el sistema de transporte antiguo, sin que nadie se cuestionara nada demasiado: *Necessitas caret leges* o, como se dice popularmente, "la necesidad tiene cara de hereje".

Una vez que el caballo está domado, lo que sigue es un estado de indefensión aprendida, condicionamiento, rutinas y amenaza ("sutilmente" recordada con lo que técnicamente llaman "correcciones o ayudas"). Este estado psicofísico es el que convierte al animal en lo que se suele llamar un "caballo manso".

El entrenamiento es una continuación de lo mismo: el potro ha sido ya sometido y ha "aprendido". Ha aprendido básicamente que opinar o rebelarse es alargar la situación, que ya es bastante dolorosa e incómoda, o recibir un trato peor. Por eso, todo es más fácil para el jinete durante el entrenamiento. Solo tiene que seguir amenazando, golpeando, "castigando" o "premiando", pero ahora puede hacerlo con sutileza y llamar a eso "ayudas" o "correcciones".

He domado muchos caballos y estudiado mucho el tema, por eso sé bien de qué estoy hablando. Hay una diferencia muy grande entre lo que experimenta el jinete y lo que le ocurre al caballo durante la equitación. El caballo no está estimulado positivamente, ha sido llevado hasta ahí solo a través de estímulos aversivos o la amenaza de estos (por ejemplo: mostrarle la fusta, aunque no le peguemos). Simplemente nadie le preguntó nunca si quería o no hacer lo que está haciendo. Es "solo un caballo", como dicen algunos, pero lo que muy pocos consideran es que el caballo tiene su propia opinión sobre este asunto y esto es esencial a la hora de comunicarse.

Tu caballo hace lo que le indican porque está sometido y aprendió que no tiene elección. ¿Y saben cómo lo sé? Porque todos los métodos tienen ese propósito, y pasé años estudiando y buscando otra forma de hacer las cosas.

Si quieren conocer en qué estado está su caballo, hay una forma muy fácil de saberlo: dándole libertad.

La verdadera amistad, la comunión, la comunicación, solo son posibles cuando se le da al caballo libertad de elegir. De esa manera, conocerán la verdadera amistad con su caballo; de otra manera, nunca lo van a saber, solo será una forma más de relación amo-sirviente, con más o menos benevolencia de parte de algún amo, pero nada diferente.

Hay una frase de Victor Frankl que dice: *"Entre el estímulo y la respuesta hay un espacio. En ese espacio está nuestro poder de elegir nuestra respuesta. En la respuesta, yace nuestro crecimiento y nuestra libertad".* Todos los métodos de doma y entrenamiento, incluidos los llamados no violentos o naturales, están diseñados para abolir ese espacio, para destruirlo, y la mayoría lo hacen coaccionando y presionando: unos por medio de la fuerza, la violencia y el dolor; otros, más "suaves", utilizan la incomodidad, el miedo y la amenaza como condicionantes y se basan en "supuestos métodos etológicos, conductistas", o a través de los llamados "liderazgo", "jerarquía" o "dominancia".

Lo interesante es que se usan palabras como "comunicación", "seguridad", "respeto" y "confianza", cuando, en realidad, existe una gran cuota de condicionamiento y coacción.

La clave está en darle el poder de elegir. En ese espacio reside su libertad y su oportunidad de crecimiento.

Si al caballo (puede ser un potro o un caballo ya domado) siempre, desde el primer día hasta el último, le enseñamos en libertad, (léase sin corral redondo, ni bozal, ni riendas, mucho menos frenos o filetes, ni ningún otro adminículo que restrinja o controle sus movimientos), sin golpes, sin espuelas, sin amenazas, mínimamente en un lugar amplio donde él pueda elegir estar a nuestro lado o irse, y sin coacción psicológica, entonces, podemos estar casi seguros de que estamos estimulándolo y respetándolo[22].

Ahí comienza la aventura, la verdadera comunicación y conexión.

(22) La palabra libertad no está usada como eufemismo, sino como sinónimo de posibilidad de elección. Es muy extraño que se haya confundido con mayor espacio (me recuerda al chiste machista sobre el hombre que dice haberle dado más libertades a su esposa porque le amplió la cocina). Tampoco la uso como sinónimo de lo opuesto a la relación con el hombre. No, la libertad de la que hablo es la de que el caballo pueda decir no y siempre poder elegir entre diferentes opciones. Es la libertad de la amistad.

Fe de erratas. Donde dice educar debe decir...

*Me explicaré, pero será la tarea más sutil y superflua, ya que
todo lo que os diré sólo será escuchado por aquellos a quienes
no tengo necesidad de decírselo.*

Jean-Jacques Rousseau

Es cierto, hubo un tiempo en que solía aseverar en mis escritos que "domar un caballo es educarlo". En busca de coherencia interna y en honor a la verdad, necesito retractarme de lo que he dicho.

Domar no es educar. Tampoco es enseñar al caballo a aprender. En todo caso es "enseñarle quién manda".

Domar un caballo significa simplemente: lograr la resignación al sometimiento (lo que trae consigo, en casi todos los casos, resignarse a sufrir). Se podría decir también, con mucho acierto, que domar un caballo es conseguir la aceptación de la sumisión que se le impone –como dicen las monedas en Chile– por la razón o la fuerza.

Está claro ya para mí que nada tiene que ver con educar.

Esto es preocupante, no solo desde la perspectiva de miles de caballos, sino por la cantidad de personas involucradas hoy en las actividades ecuestres. En resumen, el proceso de domar / entrenar (o la domesticación del caballo para fines de uso), se trata de: retorcer, manipular o romper la voluntad del caballo para lograr la obediencia. Por ello, para algunas personas -generalmente mujeres-, suele significar un proceso de adaptación o sobreadaptación, ya que deben naturalizar un cierto grado de violencia en sus acciones, generalmente más aceptado entre los hombres del contexto cultural de hoy día. Con los niños pasa lo mismo, y es aquí donde creo que también debemos prestar atención, porque si observamos bien, al principio muchos sienten todo este avasallamiento al caballo como algo éticamente incorrecto.

Otras personas, que no terminan de aceptar la situación como condición *sine qua non,* pasan mucho tiempo confundidas. No pueden o les cuesta mucho naturalizar la violenta realidad del mundo ecuestre, por más que lo intentan. Se la pasan, con suerte, en un gran conflicto interno, básicamente entre la manera de tratar al caballo que se les enseña (y exige) y la forma en que quisieran hacerlo.

A veces, dentro del ambiente ecuestre, esta situación involucra, por lo común, algún tipo de violencia explícita hacia ellas. Frases como: "No sabés nada, lo malcriás", "A vos te tomó el punto", "Eso es una tontera, pura sensiblería", o del tipo machistas como "Las mujeres no saben nada", "Andá con los potrillos". Incluso, en el mundo de la ciencia veterinaria, las pocas mujeres que acceden al mundo de los caballos tienen que dedicarse a cosas "más maternales", como neonatología o, para poder acceder al ambiente ecuestre, se ven expuestas a situaciones de violencia de género o machismo. Pero no todos los que han conocido esta situación son mujeres o adolescentes que sueñan con su "pequeño pony". Hay también niños y algunas veces hombres y muchachos que no se adaptan a estas "reglas del juego."

Estas personas suelen ser los principales consumidores de los distintos tipos de alternativas que se ofrecen hoy en el ambiente ecuestre: los ya conocidos métodos de domas no violentas, naturales, indias, racionales, entre otras, la terapias asistidas con caballos, el coaching con caballos, cursos de constelaciones con caballos, masajes, comunicación con caballos, y otros.

Repasemos un momento algunas ideas. Los procesos de doma, amanse y entrenamiento pueden ser violentos físicamente: esto incluye tanto lastimar, herir o golpear, como atrapar, atar y encerrar el cuerpo del caballo. Esos procesos físicos, de hecho, son también psicológicamente abusivos o violentos, pero también —manteniendo el atrapar, encerrar y atar— se pueden reducir la gran parte de los golpes, las heridas y el dolor, al ir agregando más componentes del orden de la violencia o el control psíquico. Eso se logra en forma de vejaciones que no afectan el cuerpo directamente, sino la mente y el espíritu del caballo, como la amenaza del castigo o el agotamiento psíquico, la manipulación emocional y el condicionamiento.

Durante el curso de estos "aprendizajes", los alumnos o espectadores, suelen recibir los mismos conceptos, excusas y propuestas de negar la incomodidad que estas metodologías les producen. Algunas de las argumentaciones para defender estas posturas son:

El caballo necesita tener un jefe, así se siente seguro.

Si no haces esto, siempre va a hacer lo que él quiera.

Esto no es violento para el caballo.

Los caballos en la manada se comportan así. Hay que poder poner límites.

Dile: si te comportas así, tendrás que irte fuera de mi lado.

El miedo se cura con miedo.

Y así continúa la larga lista de justificaciones en las que se basan estos sistemas de incomunicación y sometimiento hacia los caballos, a las cuales se las llama "alternativas" o "no violentas".

Habría mucho para pensar, si es que quisiéramos analizar en profundidad por qué estos métodos de violencia velada son tan atractivos para tantas personas. ¿Será solo la promesa de una relación más justa hacia los inocentes caballos? Otra pregunta interesante es: ¿por qué muchas personas permanecen aferradas a estas metodologías, aun cuando sienten internamente que no están desprovistas de violencia y sojuzgamiento como se alega?

Quizás sea por las promesas de estas "alternativas no violentas" que ofrecen, desde una maravillosa comunicación y entendimiento con los caballos, un aprendizaje personal sobre liderazgo, hasta algún tipo de sanación de personas (o de caballos). En lo que a mí respecta, me gustaría creer que estas personas verán prontamente la falacia y continuarán su búsqueda y aprendizaje.

Pero lo mío son los caballos y no quiero alejarme del tema. Para quienes todavía están en su búsqueda de una relación justa y verdaderamente afectiva con sus caballos, el camino es un poco (o algo) más largo. Pues, a veces, deben primero encontrar y recorrer el camino hacia sí mismos. Eso es, en la mayoría de los casos, muy costoso en esta sociedad. El primer consejo que les daría, siempre hablando de caballos, claro está, es el siguiente

*Un simple análisis como, "Cuando hago lo que hago, ¿qué siente él?", es
el camino más corto al corazón de los caballos y a una efectividad fantástica
en su educación. Pero la pregunta: "¿qué siente él?", deberíamos responderla
honestamente. Con una honestidad extrema. Y de la honestidad de esta respuesta,
los amantes de los caballos y deportistas huyen corriendo como de la plaga.*
Alexander Nevzorov.

La verdad es que yo creo que la razón por la cual la mayoría de las personas
no pueden hacer este "simple análisis" es que hemos perdido esa capacidad
desde niños, por distintas razones[23]. Cuando hago lo que hago, ¿qué siente él?
Ese "él" puede ser otra persona o nosotros mismos, pero en todo caso hemos
perdido la capacidad de conectarnos de esa manera, empáticamente con nuestro
lado sensible o con los demás.

Hay quienes todavía sienten incomodidad cuando se trata de torcer, manipular
o quebrantar. Los que no desean acallar la voluntad de un caballo para lograr así
su obediencia, y su necesaria y obligada participación en la actividad deseada.
En definitiva, quien no se convenza con las excusas de los expertos en doma,
comunicación con caballos, etología, coaching o entrenamiento u otros tipos de
disciplinas similares, dedicadas al uso del caballo. A todos ellos, les aconsejo que
no "se desoigan", pues es con esa misma sensibilidad que podrán luego "oír" a los
caballos.

(23) "Sin embargo, hay algo sutil que sucede mientras somos niños, que es imperceptible, pero opera a
cada instante, y es la pérdida de nuestro pulso básico mientras hacemos grandes esfuerzos para adaptarnos a
la modalidad de los mayores. Se desvanece esa voz interior que nos guía y que nos hace únicos. Extraviamos la
autenticidad para situarnos en este mundo, en armonía con "eso que somos". Y así perdemos sin darnos cuenta,
el sentido común, que en nuestra sociedad es el menos común de los sentidos. Nos quedamos sin esa brújula
interna que nos alumbra para indicarnos lo que nos compete y lo que no, lo que nos hace bien o nos hace mal,
lo que encaja con nuestra personalidad o lo que nos lastima". *Obediencia o sentido común*, por Laura Gutman.

La gran confusión: el liderazgo, el susurro, la jerarquía, la unión, el lenguaje de los caballos, el *behaviorismo* y otros métodos

La gran confusión: el liderazgo,
el susurro, la jerarquía, la unión,
el lenguaje de los caballos, el
behaviorismo y otros métodos

Del condicionamiento y la jerarquía en el entrenamiento y la relación con los caballos

El condicionamiento

El condicionamiento del comportamiento o el uso de reflejos condicionados son herramientas muy usadas con los caballos. En la educación, si no queremos lavar cerebros, tenemos que ser cuidadosos con condicionar; podemos buscar generar buenos hábitos en una medida de equilibrio y ética, muy sensible y acorde al ser que estamos educando. Igual que con las personas, un gran condicionamiento puede generar grandes limitaciones: un animal condicionado y con una fuerte estructura de sometimiento y reflejos, deja de ser un individuo para convertirse en una criatura sin expresión, como una máquina o un zombi. Sobrados son los casos en que se quiebra la voluntad de un animal brioso y, más tarde, en el entrenamiento, se trata de recuperar esa energía e ímpetu a fuerza de fustas y espuelas. Tenemos que tener conocimiento sobre la realidad de estos métodos porque se puede perder en el camino mucho de lo que debiéramos querer preservar.

El mono que baila

Hay un reflejo condicionante conocido, el del "mono que baila": se encierra a un mono en un recinto sobre una chapa, se hace sonar una música y se calienta la chapa o se le da electricidad y entonces el mono comienza a levantar los pies y saltar. Eso hace que parezca que el mono baila. Luego de repetirlo un cierto tiempo, cuando se vuelve a poner la música y la chapa no se calienta, el mono conserva el reflejo de moverse. El resultado de ese método es que el mono "baila", hay música y el mono se mueve, pero para nosotros bailar significa otra cosa. Hay algo claro con la ética de los procesos y los resultados que queremos obtener. Y, para algunos, hay diferencia entre bailar y levantar las patas.

Queremos, y con razón, que nuestros caballos expresen gracia y armonía en sus movimientos, felicidad y deleite. ¿Puede un ser reducido hacer eso? ¿Cómo es posible pensar que lo vamos a obtener a través del dolor y el sometimiento? Con eso solo obtendremos esto: la mímica, la aridez del gesto vacío. El mismo movimiento vacío que se consigue a través de cualquier método de presión. Basta de ejemplo contemplar cualquier competencia olímpica de adiestramiento, donde los caballos, bajo un estado "hipnótico" de dolor continuo, ejecutan movimientos forzados y faltos de vida que todo el mundo aplaude.

Y tan condicionado tenemos el ojo, tan confundido el corazón, que vemos danza y gracia donde un pobre animal forzado y condicionado levanta las patas; donde solo puede verse desgracia.

Baste de ejemplo contemplar cualquier competencia olímpica de adiestramiento, donde los caballos bajo un estado "hipnótico" de dolor continuo ejecutan movimientos forzados y faltos de vida".
FOTO: Caballo durante Dressage, con bridón y filete. Copyright Natalia Bykova

Jerarquía y liderazgo: la misma vieja tiranía en nuevos envases

*Y lo que se podría conquistar mediante fuerza y sumisión, ya
ha sido conseguido una o dos veces, varias veces
por hombres que uno nunca pretenderá emular.*

T. S. Eliot, cuatro cuartetos

Con la difusión de las prácticas de los métodos naturales de amanse y doma se ha difundido también una cierta idea de liderazgo.

¿Cuál es el resultado de los métodos ahora puestos de moda por el cine o el marketing?

¿Cómo lograr que otro ser haga voluntariamente y con naturalidad lo que le pedimos?

¿Cómo guiar y no coaccionar ni manipular?

¿Confianza, respeto y el ascendiente correcto, o "alfa", "beta", dominancia y sumisión?

La relación:

Muchos entrenadores de caballos y domadores ponen su énfasis en imitar la dominancia de lo que ellos llaman "caballo alfa" o "caballo lider". Sus técnicas y metodologías son para posicionarse en el lugar que este animal ocupa en una manada. Algunos creen que "el alfa" en la manada se impone por fuerza, poderío y sumisión; algunas veces hasta de manera físicamente violenta. Puede que esto ocurra a veces, en general se suelen observar individuos dominantes en algunos grupos de caballos, pero cuando es así, no todos los caballos obedecen con agrado o voluntariamente. Estas situaciones son frecuentes en condiciones antinaturales, y es más común que ocurran si los caballos no tienen mucha libertad para elegir, pues necesitan la seguridad del grupo. Se confunde, a veces, dominancia y sumisión con liderazgo.

Algunos otros entrenadores –un poco más estudiosos y cuidadosos–, aseguran lo contrario, y predican la sutileza y la no violencia. La mayoría de las veces, en definitiva y en casi todos los casos, ocultan la coacción o la presión solapadas bajo alusiones al comportamiento social entre los caballos, sus necesidades, su naturaleza o la manera en que se comunican entre ellos.

En manada, cada caballo tiene su lugar en una serie de relaciones sociales "armónicas" bastante complejas para nosotros. En cambio, el lugar del alfa –si es que este existe, o en todo caso, el individuo más dominante– parece muy evidente, y por eso es que algunos domadores o jinetes, en su afán de ser obedecidos, buscan ocupar ese lugar.

Está claro para muchos estudiosos del comportamiento equino que todo este tema del "caballo alfa" es solo una proyección humana, un antropomorfismo. Otros, aunque no cuestionan la teoría del alfa, han hecho una clara crítica a métodos innecesariamente violentos, como el método del corral redondo[24], o los que tiran el caballo en el suelo, los que "descosquillan" o desensibilizan, y otras técnicas abusivas similares.

Hoy hay un gran movimiento respecto a los caballos y al estudio de su comportamiento, su comunicación y relaciones sociales, que busca crear así técnicas para lo que se podría llamar "etología aplicada".

Tal vez sea complejo para nosotros los humanos, desde la observación de los comportamientos sociales, entender el comportamiento de la manada con exactitud. Pero es claro que cada uno de los integrantes de ella sabe, si es que tal orden es real –cuál es su lugar– quién está por encima y quién por debajo, y parecería también que existe un código que todos conocen.

---

(24) En inglés llamado *roundpening* y popularizado por Monty Roberts como *Joing Up,* luego lo analizaré con más detalle.

Esa capacidad de discriminación que el caballo tiene, como también el hecho de que sabe perfectamente que yo no soy un caballo, sino una persona, es lo que no hay que perder de vista entre toda esta hipótesis. La mayoría de las personas a quienes les interesa el tema quedan enredadas en una maraña de términos técnicos y explicaciones "científicas" o profesionales y dejan de ver lo que es obvio cuando se toma distancia y se observa en perspectiva:

El caballo es un ser inteligente y bien preparado para leer el lenguaje corporal y, en efecto, entiende con facilidad el de los humanos. Diferencia perfectamente una actitud respetuosa de una prepotente, la timidez del miedo, un ofrecimiento y un pedido, de una imposición y un intento de avasallarlo. La mayoría de las personas que hablan de liderazgo respecto a los caballos se comportan más como bravucones, tiranos o psicópatas para cualquiera que los observe, sea caballo o humano. Cualquier neófito puede sentirlo, por lo menos antes de que alguien lo convenza que "es necesario", o de que "los caballos se comunican así" (ya comenté que cuando enseñaba doma india, por lo general, eran mujeres las primeras en notar este tipo de incongruencia entre lo que se decía y lo que hacíamos los domadores indios con el pobre caballo).

La coacción o técnicas como la unión[25] y similares métodos del llamado *natural horsemanship* no son recomendables para la comunicación respetuosa, porque la mayoría de los caballos, debido a su sensibilidad, se resienten. Se puede –y de hecho es lo que ocurre– quebrantar psicológicamente un caballo fácilmente, tratando de lograr un ascendiente de esta manera.

La desensibilización (descosquillada) con la mano o distintos elementos como sogas; bolsas plásticas, fustas o banderines; acostarse sobre un caballo al que se llevó al suelo, encerrarlo en un corral del que no pueda salir y obligarlo a moverse, mantenerlo junto a nosotros por medio de una soga y un bozal, y cosas similares que se ven al estudiar las metodologías mal llamadas "no violentas", son todos modos invasivos y coercitivos, lejanos al trato respetuoso y afectuoso.

Con todo, el fin último no cambia en estos nuevos métodos. Lo único que veo es que, por más que se hable de liderazgo, comunicación, comportamiento natural,

(25) El *join up* traducido como *La unión* en español es un método registrado por Monty Roberts.

seguridad, respeto o paciencia, todo lo que se sabe de psicología y etología equina se usa para controlar y doblegar al animal.

Al igual que en el resto de las cosas, siempre debería prevalecer la ética en este tipo de acciones y no es simple entre tanta contradicción y falta de información.

En la vida, son muchos los que estudian sobre psicología y comportamiento humano para ayudar a sus congéneres, mientras que otros estudian estas cosas para aprender cómo explotar a la gente o vender sus productos, ayudando a quien pague mejor.

La pregunta para cada uno de nosotros en definitiva es la misma: ¿Para qué estudiamos el comportamiento equino?

Así, no son pocos los que se esfuerzan en "pensar como caballos", pero se pierden en el camino y dejan de pensar como buenas personas. No pueden aplicar la simple regla de "no hagas con los demás lo que no quieres que te hagan a ti". Pensar como caballo no es convertirnos en lo que creemos que sería "un animal" –una entidad "salvaje" y reactiva, solo abocada a su supervivencia–, sino todo lo contrario: ponerse en el lugar del caballo y comportarnos lo más humanamente que podamos, haciendo uso de nuestra inteligencia, compasión, sabiduría y demás cualidades que solemos atribuir solo a la humanidad.

En su libro Más allá del caballo de los sueños, el autor Michael Bevilacqua relata este antiguo cuento cherokee:

Una tarde, un viejo indio cherokee comenzó a describirle a su nieta la batalla que ocurre dentro de las personas. Dijo:

–Hija mía, hay dos lobos luchando dentro de todos nosotros. Uno es la maldad: la ira, la envidia, la pena, el pesar, la glotonería, la arrogancia, la lástima de sí mismo, la culpabilidad, el resentimiento, el sentido de inferioridad, las mentiras, el orgullo falso, el sentido de superioridad y el ego.

El otro es el bien: la alegría, la paz, el amor, la esperanza, la serenidad, la humildad, la bondad, la benevolencia, la empatía, la generosidad, la verdad, la compasión y la fe.

La nieta lo pensó durante un minuto y luego preguntó a su abuelo:

–¿Cuál de los lobos gana?

El viejo cherokee contestó, simplemente:

–Ganará el que tú alimentes.

¿Qué es tener un ascendiente? ¿Es importante el liderazgo?

*Si quieres construir un barco, no convoques
a los hombres para buscar la madera, cortar tablas
y distribuir las tareas. Llámalos y despierta en sus almas
el deseo irrefrenable del mar infinito.*
Saint-Exupéry

Para quien le interesa tener un ascendiente claro sobre un caballo, debe
entender que no es sinónimo de tiranizarlo, sino de volverse interesante para
él, de ser consistentes y de que exista mutuo respeto, elementos primordiales
en toda relación. Es cierto que debe haber límites y que se debe establecer un
diálogo entre ambos. Pero una cosa son los límites y otra el castigo, la coacción
y el sometimiento. El límite y el respeto no tienen nada en común con que lo
agredamos física o psicológicamente cuando el caballo se defiende porque se
sintió abusado; ni tampoco con que lo obliguemos cuando no quiere hacer lo que
se le pide.

¿Qué estoy diciendo cuando hablo de respeto mutuo?

El respeto real del caballo hacia nosotros está muy lejos de ser esa suerte
de imposición de nuestra arbitrariedad, a la que se suele llamar respeto en el
ambiente del entrenamiento animal. El respeto deviene de la propia comprensión
del caballo y su deseo de estar a nuestro lado, al experimentar el amor y
aceptación que prodigamos hacia su naturaleza e individualidad en cada momento.
Respetar a un caballo es, por decirlo de alguna manera, amar su esencia y no
desear cambiarla. Sentir que ningún caballo nos debe nada, ni está obligado a
obedecernos es, esencialmente, la base del respeto mutuo.

Algunas palabras sobre la moda del liderazgo y el caballo lider

Entonces ¿Cómo establecer una relación respetuosa con mi caballo? ¿Es posible hablar de "liderazgo" o de "amistad"?[26] ¿Qué es guiar? ¿Qué es enseñar?

Bueno, para todo esto primero debe haber una relación. Y más, para que haya una relación tiene que haber un interés común, o un interés mutuo. ¿Qué clase de relación tengo con alguien si he de forzarlo para que se quede junto a mí?

Pienso que nuestra tendencia a darle tanta relevancia al orden jerárquico nos llevó, durante varias décadas, a pensar en muchos de los "animales sociales" como especies con grupos de individuos fuertemente jerarquizados (similar a un ejército o una empresa). Incluso, una vez establecida la idea de *Dominance hierarchy* (Schjelderup-Ebbe 1921), los behavioristas comenzaron a darle tal relevancia a esa idea,[27] que esta comenzó a crear una proyección general sobre su funcionamiento en el mundo social animal. Tal fue el entusiasmo que produjo esa idea sobre las jerarquías sociales, que nos llevó a pensar que esa organización era necesaria/imprescindible para la supervivencia de ciertas sociedades animales (como las de lobos, caballos, humanos y otros). Esta tendencia a "jerarquizar" las jerarquías por encima de otros "mecanismos" sociales normales o emergentes parece haber hecho a los etólogos llevar un registro detallado de los "comportamientos jerárquicos" en distintos grupos animales (quizá, más que todo, por haberles asignado una relevancia mayor asociada a la idea de competencia y lucha por la supervivencia individual). La intensa preocupación por ver "quién es alfa", llevó a prestar poca atención a otros comportamientos o situaciones, como, por ejemplo, los comportamientos de "apaciguamiento", los de "restablecimiento del vínculo", etc. Tenemos menos tiempo estudiando el comportamiento filiativo,

(26) Entendiendo que términos como *liderazgo, amistad,* etc, no resistirían un análisis muy profundo y son usadas por mí como orientativos. Considero que las palabras que hacen alusión a las relaciones humanas son difíciles de aplicar a las relaciones entre humanos y animales. Soy consciente de que son conceptos humanos y, entre otras dificultades, no contamos con una manera de saber a ciencia cierta, la opinión animal sobre este asunto en particular, así como tampoco sabemos si todas la especies desarrollarían conceptos similares.

(27) Franz de Waal el primatólogo, uno de los *"supporters"* de esta idea, confesó que estaban tan preocupados por ver quién gana y quién pierde, quién se impone y quién se somete, que no prestaban atención a las reconciliaciones. (de Waal 2009)

las manifestaciones empáticas, las situaciones de crianza y construcción de los comportamientos prosociales en la infancia, los gestos de apaciguamiento, los movimientos sincrónicos, y los modos de cooperación entre las manadas de caballos (u otros grupos similares en donde los integrantes podrían definirse como fibras de comunidad, más que como individuos aislados). A mi entender, para estos grupos la jerarquía ocuparía un lugar anecdótico, más que uno "necesario" para la supervivencia, en comparación a los comportamientos y actitudes filiativos antes citados.

Sí, que hay una "moda del caballo líder", desde hace algunos años en el mundo de las terapias ecuestres, por ejemplo. La importancia del comportamiento afiliativo de los caballos dentro de las manadas ha sido hasta ahora soslayada, quizás, por ser algo casi desconocido y difícil de comprender en nuestra sociedad moderna. Sé que te han dicho que los caballos tienen líderes, que el líder es importante y que tú debes serlo —y que incluso si eres una persona "espiritual o evolucionada" los caballos te reconocerán como su líder natural. Como suele confundirse muchas veces jerarquía y liderazgo, probablemente estés confundido por lo que te han dicho y/o por lo que has inferido de las jerarquías observado los caballos domésticos, pues salta más a la vista una pelea o una imposición que otros comportamientos dentro de un grupo. Esto mismo pasó con los lobos: la manipulación humana había causado la mayoría de los comportamientos emergentes o anormales que se registraban en los grupos estudiados, y fueron tomados como normales en el comportamiento social de esos cánidos.[28]

Los líderes en el negocio del "liderazgo con los caballos" seguirán por mucho tiempo más con este supuesto, estimo, hasta que, poco a poco, vayamos explicándole a las personas cómo todo ese tema no fue más que una moda o una confusión -como se comprobó con los lobos. Hoy día otro mito está siendo explicado, pues el tema del caballo líder (o la yegua madrina) es una proyección sobre los caballos, producida por la falta de conocimiento sobre otros tipos y modos de funcionamiento social en los animales gregarios, y sostenida por las personas que, sin conocer en profundidad a los caballos, dan esa información a sus alumnos y seguidores.

(28) Mech, L. David, "Alpha status, dominance, and division of labor in wolf packs" (1999). USGS Northern Prairie Wildlife Research Center. 353

¿Domas no violentas, naturales y pacíficas, o métodos tradicionales? Las diferencias

La historia de la preparación del caballo para ponerlo al servicio del hombre se ha basado siempre en la dominación del primate sobre el equino.

Esto es claro en los métodos de equitación, doma o entrenamiento tradicionales de todo el mundo, desde el moderno *dressage*, la doma clásica, hasta los violentos métodos de las domas populares como el rodeo, el *western*, el rajoneo, la doma gaucha. Todos son métodos de coacción con distintos grados de presión-liberación y castigo-recompensa. La pregunta más frecuente es: ¿Y cómo podría ser de otra manera?. Es en este escenario donde hacen su entrada los métodos que están haciéndose conocidos desde hace unos años, a los que suelen llamarlos "naturales", "racionales" o "no violentos".

En líneas generales, la mayoría de los métodos que alegan ser no violentos, más civilizados y bondadosos con el caballo, dicen basarse en el estudio (e incluso, imitación) del comportamiento equino, y se presentan como el nuevo paradigma de una relación más armónica, respetuosa, justa y amable entre el caballo y su amo.

Su funcionamiento, sin embargo, se funda en trucos básicos y relativamente simples para doblegar la voluntad o condicionar a los caballos durante sesiones cortas, que combinan amenaza y coacción con formas más pasivas o indoloras de reforzamiento negativo e indefensión aprendida, y algún reforzamiento positivo.

Algunos, buscan la dominación; otros, la "cooperación"; todos, la comunicación, pero ¿qué es lo que ocurre, en realidad?

En principio, la mayoría de estos métodos y sus defensores apoyan sus explicaciones haciendo referencias al comportamiento "natural" o social del caballo en la manada, pero no hay nada de natural en encerrar a un caballo en un corral, restringir sus movimientos o hacerlo sentir amenazado. Eso es tan desacertado como pensar que, entendiendo cómo me comporto en mi barrio y con mi familia, van a poder explicar (sin anoticiar el cambio de contexto o situación) mi comportamiento si soy raptado y forzado a vivir en una cárcel o manicomio en China. Claro que es más fácil y cómodo reducir al caballo a sus "instintos básicos", pero es tan falaz como hacerlo con una persona. Un ejemplo de este error que

puede verse a menudo es cuando los profesionales del *join up*, la doma india
u otros métodos del *natural horsemanship* tratan de describir las sensaciones
y pensamientos de un caballo que está siendo sometido a metodologías de
presión-liberación aplicados en el corral circular, con sogas y bozales, en espacios
pequeños, bajo cierto estrés y sin libertad.

Analicemos algunos hechos principales:

1. El grupo de los más evidentes

Hay métodos de sometimiento y coacción a los que llaman "no violentos",
donde la persona se comporta como un predador para "acechar y cazar"
psíquicamente a su presa o para someterlo con rapidez. El caballo es un animal
sensible a esto en la mayoría de los casos, y por eso su respuesta a esta
persecución los hace ver muy efectivos y "sorprendentes" a los ojos del lego. Es
la razón por la cual estos métodos se han vuelto muy populares. Durante estos
procedimientos, el caballo suele sentir que su vida peligra o está bajo amenaza.
¿Cuántas personas, al ver en peligro su vida, acceden en pocos minutos
a tolerar cualquier tipo de abuso físico? Se puede pensar de esta manera: si
alguien se presenta ante ustedes con un arma, amenazándolos de muerte, podría
seguramente obtener un tipo de acceso a sus cuerpos que ustedes solo le darían a
quien aman o a la persona en quien confían.

Por lo general no es que haya en estas metodologías intención de maltratar,
sino que es simple incomprensión. Incluso algunas de ellas no llegan a ser
tan dramáticas como para inducir en el caballo un "miedo de muerte". Pero,
en definitiva, termina habiendo mucha coacción, abuso, intolerancia y mala
interpretación hacia el animal.
Al no entender realmente al caballo ni su comportamiento en relación a esas
situaciones, no pueden ver las razones de este y terminan creyéndose sus propias
hipótesis. Las explicaciones sobre estas metodologías están plagadas de fantasía
sobre por qué los caballos necesitan ser tratados así y cómo todo esto es muy
bueno para comunicarnos con ellos en su "propio idioma".

Por lo que yo veo, no es posible interpretar al caballo en relación con nosotros a través de estos nuevos métodos "naturales" o "no violentos", pues son un instrumento signado por el propósito para el cual fueron creados. Estas metodologías, al igual que el freno (bocado), fueron inventados bajo el concepto de que la dominancia, el sometimiento o la coacción son necesarios para enseñar al caballo o para relacionarnos con este.

Si bien los logros de la mayoría de estas domas parecen sorprender a quienes no las conocen o entienden, debo aclarar que someter a un caballo con destreza y sin violencia física visible es una habilidad que muchos hoy poseen; no hay que hacer un doctorado para eso, no es ninguna ciencia oculta. Pero es justamente eso, habilidad para el sometimiento, la que podría ser comparada con la habilidad de quien mata limpiamente y sin sufrimiento, o de quien controla o engaña a los demás sin ser notado.

Los caballos están muy lejos de ser esos seres deprivados cognitivamente y mutilados de sus capacidades socio emocionales que conocemos hoy día, y que las domas presuntamente "no violentas" intentan manipular de manera "amable y bondadosa", alimentando así la alienación de estos y la confusión general sobre su naturaleza. A un caballo le toma diez minutos después de la primera sesión con estos métodos para darse cuenta de que el hombre que lo está presionando y manipulando es solo prepotente y, por lo tanto, no se lo va a comer, ni es un predador. Aquí otra gran falacia es interpretar que el caballo lucha por su vida, en vez de ver que lo que está haciendo es luchar por su libertad.

2. El grupo de los menos evidentes

En búsqueda de una mayor comprensión y para mejorar su relación con los caballos, muchas personas, deciden estudiar, entonces, etología o distintos métodos y técnicas de "etología aplicada".

La diferencia entre la etología y la "etología aplicada" es que la primera es o quiere ser el estudio científico para la comprensión del comportamiento de un animal, en este caso, el caballo. La otra es una técnica y, en el caso de los caballos, esta técnica se aprende con el fin de controlarlos y someterlos. La diferencia entre la investigación orientada a la comprensión de los caballos, en pos de la comunicación, el estudio o cuidado del mismo y estos métodos basados en el "comportamiento equino" es clara en este punto.

Todo método basado en la etología tiene una faceta positiva, pero a su vez esta "ventaja" es muy limitada para quien desea estudiar en profundidad las posibilidades de educación y comunicación con los caballos. El conocimiento de la etología y el comportamiento equino es muy importante, pero incorrectamente usado o entendido, como ocurre en la mayoría de los métodos de entrenamiento y doma, y es un arma de doble filo:

En principio, porque el ambiente de la etología está minado de ideas bastante cuestionables que tienden a la simplificación de la animalidad a través de un modelo mecánico y obsoleto. Voy a comenzar, entonces, por este punto y agregaré luego un segundo análisis desde otra perspectiva cercana para completar la idea.

En general, lo que ocurre con este tipo de métodos, ahora en auge, es que algunos son presentados como científicos, pero el conocimiento sobre el caballo y su psiquis es apenas elemental y la mayoría se basan en modelos científicos del comportamiento que asumen que el comportamiento es, esencialmente, un complejo sistema mecánico (Wemelsfelder, F., 1997).

La causación en los sistemas mecánicos es automática, reactiva y, en última instancia, determinística: el sistema se comporta estrictamente de acuerdo con las leyes universales que gobiernan el movimiento de los objetos físicos (Wemelsfelder, F., 1997).

Es cierto que la doma natural, en teoría, busca la cooperación y la comunicación, pero ¿qué es lo que comunica? ¿"Si no me haces caso o te niegas, te expulso de la manada"? ¿Debes cooperar? ¿Cooperar sería llevar un freno en la boca y un peso en la espalda? ¿Qué pasa si el caballo no quiere cooperar?

Y una última pregunta, ¿qué pasaría si una persona fuese tratada o educada solo en referencia a sus supuestos instintos, obligada a vivir con miedo, a la defensiva, luchando continuamente por la jerarquía, entre extraños y sin control mínimo de su vida? Se conoce bastante bien el tipo de comportamiento que el desabastecimiento, las guerras o la lucha salvaje por la subsistencia y un estrés similar pueden despertar en los humanos.

Si reconocemos en el caballo un animal sensible e inteligente, por qué no recurrir a una educación más acorde, en vez de al trato que despertará su lado más "reactivo". Otro ingrediente muy importante de estos métodos, es su preocupación por el control y la servidumbre del caballo, lo que hace casi imposible la comunicación y la amistad.

Entonces: los métodos tradicionales eran y son, en general, muy violentos hacia los caballos. Los métodos nuevos, naturales, racionales, indios y otros similares, más en auge hoy, son también violentos, pero de maneras menos evidentes para quien se deje engañar por sus promesas. Y al parecer, todos se basan en la simple premisa de que el caballo ha nacido —o ha sido criado— para estar al servicio del hombre.

Poner el cuerpo, el mito del binomio

> *(...) Un afecto triste es que un cuerpo actúa sobre el suyo,*
> *un alma actúa sobre la suya en condiciones tales y bajo una*
> *relación que no conviene con la suya. Desde entonces nada en*
> *la tristeza puede inducirlo a formar la noción común, es decir,*
> *la idea de algo común entre dos cuerpos y dos almas.*
> Gilles Deleuze

La maravilla de los cuerpos vivos es que poseen una voluntad propia, no son inertes, buscan su conservación, se auto preservan y producen. La vida es eso, una entretejida trama de cuerpos autopoiéticos. Esta voluntad de los cuerpos vivos por persistir es su esencia, su origen. Investidos de voluntad, persistencia, autocuidado: los cuerpos no están hechos para poseerse, a lo mucho para entregarse y vincularse. La vida es siempre un frágil equilibrio que tiende a la entropía y una voluntad de persistencia enamorada de la Libertad.

Durante miles de años, el hombre, en algunas civilizaciones, necesitó del caballo para aliviar sus tareas y cargas, y agilizar sus viajes. Todo esto causó muchos daños al caballo y muchos beneficios al hombre. ¿Podemos justificar el dolor del caballo apelando a la "necesidad o superioridad" del humano?.

Hoy, durante el "deporte" y otras actividades ecuestres, el caballo sigue padeciendo dolor y sometimiento para que el hombre pueda competir y divertirse, curarse, aprender a ser un "líder" y otras nuevas razones para su uso.

Sé que es difícil tener un panorama completo sobre cómo el caballo experimenta "el binomio" hombre-caballo. Una fuerte ilusión colectiva vela la realidad alrededor de los caballos y vuelve todo más difícil y elusivo. Por eso, siempre nos falta una parte para completar el rompecabezas.

En continua dependencia de las capacidades físicas y psíquicas del caballo, hacemos uso o abuso de su cuerpo: de sus patas, para movernos; de su energía metabólica, actuando directamente sobre él. Le damos indicaciones que debe obedecer, y muchas veces lo hacemos a través de mecanismos dolorosos como, por ejemplo, la presión del freno en el paladar. Utilizamos su anatomía para hacer nuestro deporte, paseo o actividad. Pensemos que la relación que tenemos con los caballos no es la misma que tenemos con las mascotas, como con un perro o con otros animales. Creo que, salvo en el arte o en el amor, nunca estamos tan en interacción con el cuerpo de otro ser.

Hay muchas formas de obtener lo que se desea, pero, como en todas las relaciones sanas, deben primar el amor, el respeto, la libertad. En el caso del caballo, lo más sensible de todo es que, cuando hablamos de "nuestro" deporte o actividad, estamos hablando de **su cuerpo**.

¿Cómo te sentirías si la mayoría de los encuentros con alguien significaran la pérdida del control de tu cuerpo, la deposición de tu voluntad o incluso la supresión de tus reclamos por incomodidad, dolor o injusticia? ¿Como un prisionero, tal vez? ¿Como un esclavo? ¿Abusado? ¿Violentado?

Con esto, quiero remarcar que **para el caballo cada interacción con nosotros durante la monta significa básicamente la pérdida del control de su cuerpo, la entrega y la subordinación de este a nuestros deseos.** Si a eso le sumamos la falta de conocimiento y percepción que tenemos sobre lo que él experimenta durante estas actividades junto a nosotros, ¿podríamos volver a pensarlo desde esta óptica y decir que lo disfruta?

Todo ser vivo naturalmente siente estrés si pierde la soberanía sobre su cuerpo, lo puedes notar si alguna vez has levantado una lombriz o al dar un abrazo sorpresa a alguien.

Montar un caballo desde el punto de vista más básico implica interactuar de una manera muy íntima con el cuerpo del otro, y con su voluntad. Una entrega del cuerpo y un acceso al otro que solo llegamos a tener en la danza, en el amor, en el sexo o en el abuso.

La posibilidad de comunicación y respeto mutuo entre dos seres excluye todo sometimiento, imposición, dominancia, engaño o control.

Claro que, con el tiempo, la voluntad se doblega, la libertad se somete, y cambia la vivacidad del brillo en la mirada del reo, la niña en el burdel y el caballo, que aceptarán su sino e incluso intentarán alguna felicidad en ese contexto.

Muchos caballos se resisten y rebelan frente a los intentos de control por parte de los humanos y, precisamente, estos son considerados problemáticos, faltos de educación. Es una interpretación equivocada confundir sus intentos de defenderse con falta de disciplina. No hay nada reprochable en la defensa de la libertad individual cuando estamos hablando de respeto y comunicación. La opinión o la libertad del otro no deberían estar supeditadas a la nuestra. Tampoco deberíamos malinterpretar su resistencia –en su desconfianza– al percibir nuestras intenciones de control.

Llegará el día, espero, en que las personas empiecen a comprender y ver a los caballos no como a las bestias para usar, domar, controlar, liderar, sino como a seres que podemos entender y respetar. Vivenciar os como seres que muestran respeto y amor a quien los ama y respeta. Claro que, como todos los seres, también pueden mostrar sumisión y obediencia al que los somete y les da órdenes, pero no nos engañemos, eso no es amistad, ni siquiera respeto.

Cuando queremos entender, la simple observación puede darnos una clara perspectiva de la realidad. Muchos son los que han podido reconocer la naturaleza de los caballos y pocos los que la han respetado, pues muchos, aún conociéndola, han decidido ignorarla en distintos grados y justificar de esta manera su quehacer con los caballos. Hace alrededor de dos a tres mil años Chuang Tzu (Zhung Zhi) escribió:

"Los caballos tienen cascos para caminar sobre la escarcha y la nieve; pelo para protegerse contra el frío y los vientos. Comen hierba y beben agua, brincan en el campo: tal es la naturaleza de los caballos. Las mansiones palaciegas no sirven para ellos.

Un día apareció Poh Loh, diciendo: "Yo sé amaestrar caballos".

Entonces los marca con un hierro caliente y les esquila las crines, les corta las pezuñas y les pone bridas, los amarra por la cabeza y les ata los pies, separándolos en establos: resultando que, de cada diez, dos o tres morían. Luego los mata de hambre y de sed, los hace correr, saltar, alinearse; los rastrilla y cepilla y los fuerza para que corran a la par, con la constante preocupación; el dolor de los arreos; del freno y la rienda con borlas de los adornos ante ellos, y la constante amenaza del látigo y la vara, por detrás. Para entonces, más de la mitad caen muertos.

El alfarero dice: "Yo puedo hacer lo que quiero con el lodo: si quiero hacerlo redondo, uso el compás; si rectangular, la escuadra".

El carpintero dice: "Yo puedo hacer lo que quiero con la madera; si quiero hacerla curva, uso el arco; si rectangular, la escuadra".

¿Pero por qué razones podemos pensar que el lodo y la madera desean estas aplicaciones de compases y escuadras, de arcos y reglas?

No obstante, cada época elogia a Poh Loh por sus habilidades en la doma de los caballos; a los alfareros y carpinteros, por sus trabajos en el barro y la madera.

Los caballos viven en tierra seca, comen hierba y beben agua. Cuando están contentos, se rascan los cuellos entre ellos. Cuando están enfadados, se giran y levantan sus pies uno al otro.

Solo hasta allí les lleva su disposición natural. Pero embridados y embocados, con una placa de metal sobre sus frentes, aprenden a proyectar miradas malignas, a girar la cabeza para morder, a resistir, a sacarse el bocado de la boca y a meter la brida en ella. De este modo, sus naturalezas se depravan - la culpa de Poh Loh."

Siempre existen y existirán personas como Poh Loh, decididas a ignorar la naturaleza de los caballos. No importa la época, ni la condición social; puede que estas personas sean jinetes o domadores, veterinarios o etólogos. Puede que lo hagan por necesidad, ambición o ignorancia. Así, en la justificación de su accionar, terminan recortando la realidad de la naturaleza del caballo a su medida, para su propio beneficio e interés.

Libro III
...en cuyos ojos no puedas verte
reflejado como un igual

La salud psicofísica del caballo: perjuicios del bocado, el herraje, la monta, la vida en boxes y otras cosas nocivas

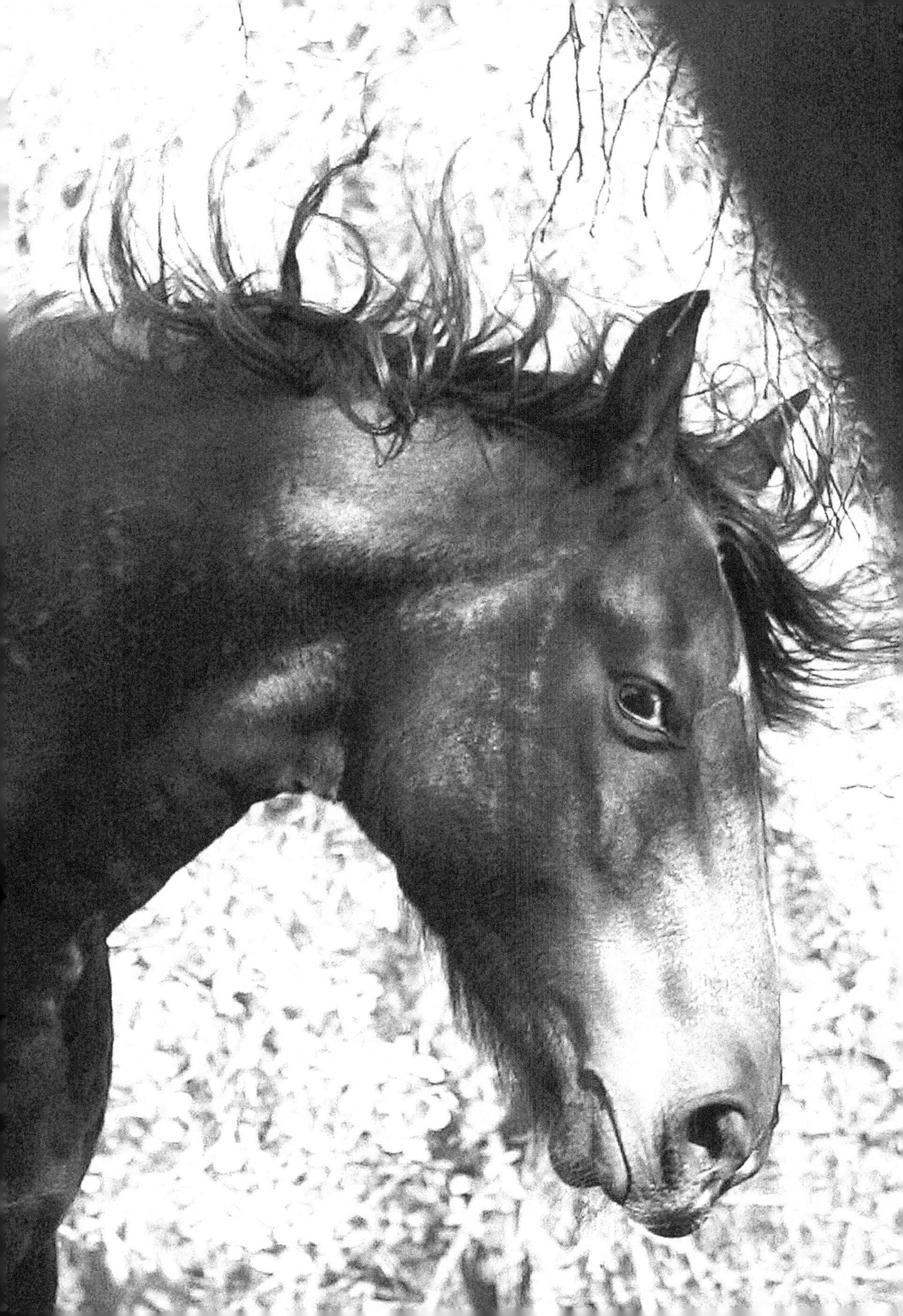

La salud psicofísica del caballo:
perjuicios del bocado, el herraje,
la monta, la vida en boxes y
otras cosas nocivas

[… cuando hago lo que hago, ¿qué es lo que siente él?]
Alexander Nevzorov

A esta altura del libro, muchos de ustedes estarán pensando: "Muy bien, entiendo cuál es el punto, entiendo que así no debería ser la relación entre los humanos y los caballos, pero, entonces, ¿cómo?".

En este capítulo quiero hablar sobre lo mucho que los ámbitos artificiales pueden afectar su salud, su comportamiento, la relación con ustedes o incluso con otros caballos.

Lo primero que deben considerar es que es muy importante no desconocer la fisiología y la miología básicas del caballo, pues estas nos permiten llegar a una idea más aproximada de las sensaciones que el caballo experimenta.

Dependiendo de cada individuo (o sea, cada caballo en particular), pues los hay más saludables y fuertes o más resistentes, y de su personalidad, los caballos expresarán sus sensaciones físicas a través de un cierto comportamiento. Las reacciones del animal y su humor tienen una relación directa con su incomodidad o malestar físico, pero, debido a la naturalización del mal manejo o la ignorancia de la más simple fisiología, este comportamiento suele aparecer como algo misterioso ante los ojos de la gente que tiene caballos.

La mayoría de las veces, la razón es simplemente desconocimiento e incomunicación.

Imaginen que yo no pudiese hablar y que su comprensión de mi lenguaje corporal fuera escasa. Supongamos que están sentados frente a mí y, cuando acercan su asiento mientras dicen, mirándome a los ojos, que me aman, apoyan sin notarlo la pata de su silla sobre la punta de mi pie... Lo más probable es que no comprendan la razón de mi comportamiento, sea que me largue a llorar en silencio, que los arroje de un empujón al suelo o que comience una loca seguidilla de expresiones y gestos desesperados e inentendibles.

Bastante se ha escrito sobre comportamiento, etología equina aplicada, naturaleza de los caballos y temas similares, pero siempre todo parece evadir la cuestión principal: **qué siente el caballo con todo nuestro accionar.**

Es necesario recalcar una cosa más que está naturalizada en nuestra cultura ecuestre: la ilusión de que, en algún punto, el caballo disfruta de las actividades ecuestres y de lo inocuas que estas resultan para él.

Para desbaratar esa ilusión, debemos conocer algunas investigaciones de los últimos veinte años sobre los perjuicios del bocado, el herraje, la monta, la vida en boxes y otras cosas nocivas para el caballo.

Los caballos y el dolor

Los caballos, como muchos animales de presa, no son propensos a exponer su debilidad, dolor o problemas físicos, pues eso los señalaría como un blanco fácil para sus predadores. Por eso son buenos ocultando sus dolencias. Esta falta de signos es, en sí, un comportamiento clave para entenderlos. El caballo hace instintivamente lo posible por no mostrar signos externos de dolor o debilidad hasta que realmente se convierte en una imposibilidad física. De esta manera evita ser escogido por un depredador, expulsado de la manada, o abandonado por ser el "punto débil del equipo". Debido a esta característica, muy a menudo resulta verdaderamente difícil evaluar con precisión la cojera y el dolor en el caballo. En muchos casos, cuando se llama a un veterinario por un caballo que muestra cojera u otros signos evidentes de dolor, significa que el caballo ya ha estado sufriendo en silencio por algún tiempo sin que lo notemos.

También está el hecho de que muchos caballos siguen asintomáticos a pesar de la enfermedad y la lesión es detectable o medible a través de diversas técnicas de imagen, o se descubre en exámenes *post mortem*. La falta de síntomas no es igual a la falta de daño.

Una gran cantidad de personas consideran que la vocalización es la principal indicación de que alguien está adolorido y que las distintas especies muestran el grado de dolor con gritos, como los que dan los seres humanos. Pero, en realidad, la posibilidad de vocalizar el dolor está definida por una capacidad de respuesta específica heredada. Por ejemplo, los cerdos, si son castrados sin anestesia, lloran extremadamente fuerte, pero los caballos permanecen en silencio durante la misma manipulación. Así lo explica Anastasia Nekrasova en su artículo *"Responsiveness to noxious stimuli and endogenous mechanisms of modification of pain sensitivity in horses"*,[29] donde asevera que los caballos tienen mucho menor capacidad de respuesta a los estímulos nocivos, pero sienten el mismo dolor. *"Se quedan en silencio mientras se les aplica la mordaza, mientras sus labios son ateridos con los bocados, durante la rotura de una pierna, mientras que sus cascos son perforados con clavos, mientras que sufren de laminitis, mientras se los marca con hierros candentes, en frío o en caliente."* –Dice, y explica cómo el desconocimiento y la inconsciencia de la diferencia entre cómo los caballos sienten respecto a cómo manifiestan su dolor, ha llevado a mucha gente a pensar que estos animales no sienten nada.– Continúa diciendo en su artículo: *"Este último ejemplo, ofrece a los propietarios de haras una razón para creer que, 'basándose en su experiencia personal', el proceso de marcado candente es casi indoloro para los caballos. Esto no es cierto. El hecho de que mucha gente no sepa nada sobre la cuestión de la capacidad de respuesta a los estímulos nocivos permite cultivar el mito de que los caballos, a diferencia de los humanos, sienten menos dolor, y que*

(29) Revista *Nevzorov Haute Ecole Equine Antology nro 9. Nevzorov Haute Ecole publishing 2013*

el uso de herramientas traumáticas es indoloro para los caballos, lo cual, según los estudios científicos, es un mito."

Daños derivados del uso humano

Sé lo aburrido que estas cosas pueden llegar a parecer al lector no especializado. Por consiguiente trataré de ser lo más escueto posible en lo referente a la citación de los trabajos y estudios pero, para quien desee investigar más en profundidad, agregaré la bibliografía al final del libro.

Generalidades

Como vimos, los caballos pasan alrededor de 16 horas al día comiendo y mucho más en movimiento, caminan más de 10 km diarios y, en algunas ocasiones, hasta 40 km. Durante su vida en cautiverio en clubes hípicos, establos, studs y otros lugares similares, sus posibilidades de movimiento se ven fuertemente restringidas. En estos recintos, son alimentados dos veces al día (con suerte tres y hasta cuatro veces). Las úlceras estomacales son frecuentes por este régimen alimenticio artificial: el caballo, a diferencia de nosotros, produce saliva solo cuando come (o tiene algo en su boca como el bocado) y produce jugos gástricos continuamente. Es por eso que, si no puede tener un régimen alimentario continuo y libre de estrés, la mucosa de su estómago se hace permeable, se irrita o se ulcera.

La falta de contacto y de compañía es también dañina para un animal tan social como el caballo.

La necesidad de movimiento las 24 horas todos los días de la semana es esencial para su salud general y para la de sus cascos. Esto no ocurre, como ya mencioné, en las condiciones de estabulación.

Las mantas y el continuo cepillado debilitan su piel y la salud de su pelaje, que es el sistema natural que el caballo tiene para lidiar con el frío, el calor, la lluvia, los mosquitos, la transpiración y los parásitos. Todos los recortes de sus pelos, bigotes, crines y el vestido con mantas con fines estéticos lo perjudican, y manifiestan la ignorancia que se tiene sobre la función y salud del pelaje equino.

Daño psíquico derivado del cautiverio y la restricción de libertad

Se sabe que la falta de movimiento, de contacto social y de otros factores comunes de la vida que se consideraban "normales" para los caballos producen grandes daños no solo en su salud física, sino también en su psiquis. Vivir en hípicos dentro de pequeños boxes o corrales, pasar gran cantidad de horas atados, encerrados o con poca posibilidad de movimiento y desplazamiento, sufrir el aislamiento y la falta de contacto con otros caballos, los cambios bruscos de temperatura, entre otros, son todas situaciones insalubres y contrarias a sus necesidades. Generalmente, cuando estos daños son más evidentes, pueden observarse distintos tipos de comportamientos enfermos. Algunos de estos se llaman "estereotipias" y, a pesar de que sería relativamente fácil evitarlos si se proveyera a los caballos de compañía, más espacio y posibilidad de movimiento, la mayoría de las propuestas e intentos de los que cuidan a los caballos ignoran esta simple solución.

Evaluar las necesidades naturales y compararla con lo que es la vida del caballo estabulado nos enfrenta con una realidad: el caballo necesariamente está inmerso en un sistema que pondrá a prueba todas sus capacidades de adaptación. La aparición de trastornos del comportamiento en este tipo de manejos, las estereotipias (repetición involuntaria e intempestiva de gestos o acciones) y "vicios" de la estabulación es lo que ocurre generalmente en los animales cautivos, y el caballo no es la excepción. Esto último (la aparición de estereotipias y comportamientos anormales) es la expresión del deterioro psíquico y emocional. Algunos se balancean como animales enjaulados (mal del oso), otros patean las paredes de sus boxes, o comen sus excrementos o la madera de los corrales.

Existen otras estereotipias como morder objetos mientras tragan aire (aerofagia), caminatas en círculos dentro del establo y movimientos de cabeza repetidos, por citar algunos.

En los clubes hípicos de las ciudades, en casi la mayoría de los haras o studs de caballos pura sangre (de los cuales se teme que puedan hacerse daño si se mueven), y en todos los lugares que se guían por las creencias convencionales de cuidado y manejo del caballo, es común que los caballos pasen entre 14, 18 y hasta 20 horas encerrados en boxes. Tener que permanecer en estas pequeñas habitaciones con poca ventilación y luz, que, con suerte, tienen un tamaño mínimo para que les permita acostarse cuando sus pies ya no soportan, puede compararse con tener que estar todos los días encerrado 20 horas en una cabina de teléfono.

Otra vez, la ignorancia de las necesidades básicas del caballo genera su malestar psíquico, produciendo agresividad, estrés y comportamientos anormales, entre otros.

Daño físico ocasionado por instrumentos de uso corriente: El bocado (freno)

Quiero comenzar este punto con algo que ya mencioné en los inicios del libro: los efectos dañinos del uso de bocados. Un bocado es, por lo general, un pedazo de metal que se coloca dentro de la boca del caballo.

El freno (bocado, embocadura, o *bit* en inglés) ha sido hasta tiempos recientes el elemento de control por excelencia en la equitación. Alexander Nevzorov, en su libro *El caballo crucificado y resucitado*[30], nos dice: "Existe una ilusión universal en la idea de que el caballo en la caballería, en el deporte, es controlado por el hombre. Es mentira... es el dolor. El caballo es controlado por el dolor. Es el dolor el que frena al caballo, el que lo hace girar, es el dolor quien lo conduce."

El dolor nos da un control bastante seguro sobre los caballos, pero también es cierto que hay otras maneras de controlar, dominar o manipular. De hecho, cada

(30) La cita bibliográfica se encuentra al final del libro.

día son más las personas y los métodos que buscan la manipulación del caballo menos dolorosa en su boca (aunque no por eso menos dañina para el caballo).

Los estudios sobre los efectos del bocado (freno) son abundantes y los distintos especialistas y científicos han determinado su nocividad. Veamos, por ejemplo, algunos de los puntos de un trabajo realizado por Robert Cook para *The Journal of equine veterinary science*, en 1999:

El uso de uno y muchas veces, dos bocados[31], en la equitación tradicional o común, constituye un problema de bienestar, un peligro para la salud, y un obstáculo para el rendimiento.

• Este método de control es invasivo, fisiológicamente contraindicado y contraproducente.

• El bocado asusta al caballo y causa dolor, sufrimiento y daño.

• A menudo es responsable de mala actitud de un caballo para hacer ejercicio y la fuente de más de 100 problemas de comportamiento en todo tipo de equitación desde doma (por ejemplo, sacudida de cabeza) hasta las carreras (por ejemplo, el desplazamiento dorsal del paladar blando).

• El freno es una causa frecuente de obstrucción de las vías respiratorias y de ruidos anormales en la inspiración (estridor) en el ejercicio.

• Si la velocidad de un caballo de carreras se rige con bocado y riendas como controladores de tracción, se produce una reducción de flexión, que a su vez obstruye la vía aérea y conduce a la fatiga prematura, el pobre rendimiento y el edema pulmonar inducido por asfixia ("sangrado").

• Un freno desencadena reflejos del tracto digestivo, que son fisiológicamente opuestos a caballos de respiración rápida, a quienes se les exige una alimentación

(31) *Freno, bridón, filete.*

rápida simultánea a la realización de ejercicio, dos actividades que son mutuamente excluyentes.

• El freno interfiere con la respiración y, como la respiración se acopla con la locomoción, el freno entonces interfiere con la locomoción.

• Un caballo que se sustenta con el freno pierde capacidad de soportar su peso por sí mismo y se hace más pesado en el cuarto delantero (extremo frontal). Su paso se hace más corto y, por lo tanto, más lento. Además, genera una mayor tensión sobre los tendones, los ligamentos, las articulaciones y los huesos de las patas delanteras. En las carreras, este factor, unido a la fatiga prematura por cualquier causa dada, hace que las daños y los accidentes mortales aumenten su probabilidad.

• La resistencia al bocado provoca rigidez del cuello, lo que es incompatible con un rendimiento óptimo. Reduce la eficacia de algunos mecanismos importantes de conservación de energía. Los atletas humanos necesitan la completa libertad del cuello y en el caballo esto no es diferente.

• El caballo está obligado por naturaleza a respirar por la nariz. En el ejercicio, los labios de un caballo deben estar herméticamente sellados y la boca cerrada de modo que no entre aire en el tracto digestivo. Un freno rompe este sello, el aire entra en la cavidad oral y eleva el paladar blando en la orofaringe (garganta).

• "La no aceptación del freno" incluye problemas, tales como úlceras bucales, la sensibilidad del diente de lobo, dolor durante la erupción de los dientes de la mandíbula, espolones óseos en las barras de la boca, las fracturas de la estrella de la mandíbula, laceraciones de labio, lengua y encías, la boca abierta, el movimiento de la lengua, lengua detrás del freno o sobre él, "engullimiento de la lengua", "tironeo brusco de paladar", la cabeza, la lucha contra él mismo, masticación del freno, introducción de este entre los dientes, giros bruscos, aburrimiento y tironeos. (Fisiopatología del control a través del bocado en el caballo, por W. Robert Cook, FRCVS., Ph. D.)

Como mencioné antes, no sabemos con exactitud cuáles son los sentimientos del caballo al perder el control sobre su cuerpo y su libertad, y al ser obligado a realizar acciones que probablemente no desee o puedan ser dañinas, incómodas y trabajosas. Lo que sí podemos inferir con más certeza es cómo reacciona su fisiología y su anatomía a esta situación. Recuerden que, como ya expliqué, muchos caballos son asintomáticos, pero el daño y el dolor están presentes.

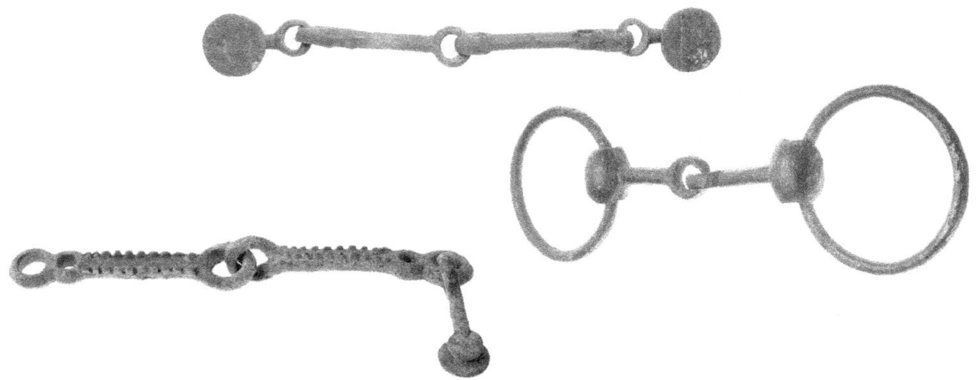

"El bocado asusta al caballo y causa dolor, sufrimiento y daño." (Robert Cook, FRCVS., Ph. D)
FOTO: Bocados de metal de distintas épocas y culturas. (1) Cimeria, Siglo VII a. C. (2) Antes, Siglo I (3) Escita, Siglo IV a. C.
Como puede apreciarse el sistema de este filete partido es el mismo que el usado hoy en día, y no ha variado durante todos estos siglos. Nevzorov Huate École collection. Copyright Lydia Nevzorova

El hecho de que desconozcamos o ignoremos los daños y sufrimientos no hace sino empeorar la situación general de los caballos, pues se sostiene durante siglos algo que el normal desarrollo de los conocimientos y la búsqueda de beneficios para todos debería haber extinguido hace años. Este es el caso de las herraduras. ¿Cuántas personas al escuchar un clip clap en los empedrados o pavimentos de las calles se imaginan todavía a un hermoso y feliz caballo?

Las Herraduras

El siguiente resumen pertenece a distintos estudios de reconocidos veterinarios del mundo. Esta síntesis sobre la base de la traducción de algunos de los trabajos de los doctores Hiltrud Strasser, Christopher Pollitt, Robert Bowker, entre otros veterinarios y podólogos equinos, fue publicada en un artículo del podólogo equino Albert Villasevil.

Ventajas e inconvenientes del uso de la herradura

Ventajas de su uso

Para el caballo no hay ninguna ventaja en el uso de la herradura, pero para el jinete o propietario, hay muchas. La principal es que permite usar un caballo con unos cascos no funcionales. Esto quiere decir que, por muy podrida que tenga la ranilla, por muy delgadas que sean las suelas, por muy quebradiza que sea la tapa, por muy blanda que sea la caja córnea, por muy atrofiados o calcificados que estén los cartílagos laterales. el caballo sigue andando y muchas veces sin dolor aparente. Esto ocurre porque el caballo no está usando ni su pie ni su "zapato". sino la herradura.

Desventajas y problemas del uso de herraduras

• Evitan el desgaste del estuche córneo, con lo cual se producen deformaciones por sobrecrecimiento y fuerzas angulares artificiales que fuerzan todo el aparato locomotor (desde el pie hasta la nuca y la cola, pasando por la espalda, dorso y región lumbar).

• Al impactar contra un suelo duro de manera repetida, se genera una vibración de 800 MHz. Esta frecuencia de vibración destruye los capilares arteriales y venosos del pie, afectando la vascularización de este y, por lo tanto, a la nutrición, el transporte de toxinas y la termorregulación de los tejidos internos del pie equino.

• Alteran la posición y el momento en que el peso del caballo pierde contacto con el suelo. A esto se lo suele llamar brakeover: queda por delante de su zona real causando que los talones permanezcan más tiempo en el suelo (el arco interno se ve forzado a trabajar durante más tiempo de lo normal sobrecargando todas sus estructuras). Esto a su vez está relacionado con la deformación del estuche córneo, pues el mayor tiempo de las cargas, la distribución inapropiada de las fuerzas e impactos va provocando el estiramiento de la línea blanca, laminitis subclínicas, rotación de la P3, aparición de acampanamientos, etcétera.

• Las herraduras añaden un peso adicional al pie de 800 gramos, esto produce una aceleración dimensional en la última fase de extensión de la extremidad, lo cual, a su vez, provoca un estiramiento agudo de los tendones y ligamentos, pudiendo generar la aparición de contracturas, acortamiento tendinoso, tendinitis, fisuras ligamentosas.

• Alteran la capacidad de distorsión (entendida como deformación tridimensional de la totalidad de la caja córnea y, sobre todo, de la porción posterior de esta), afectando así:

1 - La capacidad del pie de absorber y usar la energía del impacto, disminuyéndola entre un 70 % y un 80 %. Este hecho implica que la energía sobrante es absorbida por tejidos no preparados para ello, como las articulaciones, tendones, ligamentos, huesos, causando muerte celular, necrosis tisular, inflamación, entre otros. Cabe destacar que el impacto con el suelo de un caballo herrado es tres veces mayor al de un caballo desherrado al trote.

2 - Disminuyen en un gran porcentaje el mecanismo hemodinámico (Chris Pollit), que es el proceso mediante el cual el pie equino transforma parte de la energía generada durante el impacto en calor y movimiento de fluido (la sangre pasa de los plexos venosos más palmares a los más dorsales para luego retornar por las venas digitales palmares hacia el corazón). Este hecho provoca una sobrecarga cardíaca que puede llevar a la muerte súbita del animal durante el sobreesfuerzo (esta situación se ha constatado en P.S.I de carreras), y causar la aparición de miocardiopatías en animales de mediana edad.

3 - Al disminuir el movimiento de los fluidos del interior del pie, la sangre queda más tiempo estancada en el interior de este, disminuyendo el aporte de nutrientes y células inmunitarias, así como disminuyendo también la recogida de toxinas. Este hecho provoca la disminución en la tasa de regeneración celular (menos crecimiento, menor calidad...), el aumento de la presencia de infecciones (infecciones de ranilla) y la alteración de la capacidad sensitiva.

• Los caballos herrados no usan sus pies, sino las herraduras. Esta falta de uso provoca la atrofia de los tejidos blandos del interior del pie encargados de usar la energía generada por el impacto, causando:

1 - Una deformación típica y muy grave, la atrofia de ranilla, y el consecuente cierre de los talones y desplazamiento dorsal del centro articular.

2 - Un aumento de las patologías del sistema musculoesquelético y del pie en sí, como: osteoporosis de la P3, osteoporosis del navicular, inflamación del ligamento sesamoideo impar, artritis, artrosis y tendinitis.

• Los clavos se introducen en la línea blanca y la muralla, rompiendo su estructura y su estabilidad, facilitando la invasión de microorganismos foráneos (bacterias y hongos), alterando la termorregulación de los tejidos internos del pie (transmiten la temperatura ambiente externa al interior del pie y es el estuche córneo un tejido altamente aislante), alterando la capacidad de regular el grado de hidratación del pie.

• La presencia de la herradura en animales menores de cinco años provoca deformaciones óseas y una atrofia crónica de los tejidos blandos del pie.

"La lista podría seguir", dice el autor. Pero lo dejaremos aquí, ya que al final del libro encontrarán, como dije, bibliografía también sobre este tema.

La monta

Books to read, money to spend,
ponies to ride and kites to fly.

An old English nursery rhyme.

[Libros para leer, dinero para gastar,
caballos para montar, barriletes para remontar (volar).]

Una antigua rima inglesa para niños.

Queda hablar de la gran cuestión, la más naturalizada de las ideas sobre el caballo: ¿Nació el caballo para ser montado?

¿Fue diseñada su espalda para llevar nuestro peso?

Desde el punto de vista de la lógica evolutiva, la respuesta es no. La espalda del caballo se desarrolló durante toda su evolución para llevar solo su propia estructura y los órganos del caballo. ¿Puede ser preparada, adaptada, fortalecida, y reducirá esto el daño? Puede ser, todo depende de muchos factores, y la gran verdad es que hasta ahora la mayoría de ellos no han sido tomados en cuenta. Por esta razón, la monta siempre ha ocasionado grandes perjuicios, dolor y daño a los caballos.

No hay en este momento en todo el mundo una sola escuela de equitación o método de monta que logre siquiera minimizar los daños producidos por un jinete sobre la espalda del caballo. Esta es, a todas luces, la realidad a vistas. Son varios (pero lamentablemente, demasiado largos para incluirlos) los estudios y datos que se pueden compilar, y que nos demostrarían fácilmente que un caballo no puede ser, en definitiva, montado, si es que deseamos cuidar su salud y prevenir el deterioro de su espalda y el malestar general. Es mi gran anhelo que la mayoría de los lectores de este libro estén "preparados" para esa realidad. Pero, de no ser ese el caso, por lo menos, quiero empezar por concientizarlos de la delicadeza de este tema, de la fragilidad de esa zona usada normalmente como asiento.

La espalda del caballo puede ser fortalecida, pero las técnicas hasta ahora usadas han sido el peor remedio. Todas ellas han implicado, en alguna instancia, gran sufrimiento para el caballo, sin hablar de su sumisión, deterioro psicofísico e incomodidad. Más allá de esto, debemos tener en cuenta que, por más fuerte y grande que sea la espalda del caballo, hay límites físicos, fisiológicos, madurativos y temporales.

No voy a explicar aquí cómo debería fortalecerse la espalda de un caballo para reducir el daño que un jinete (no importa si es el mejor y más refinado jinete de la historia de la equitación o un simple amateur) producirá tarde o temprano, pues esto es inevitable. Sí puedo decirles con toda certeza que nadie puede exceder cierto tiempo sobre el lomo de un caballo sin producir: en principio, adormecimiento, con su consecuente picazón; luego, real molestia; después, dolor y, por último, el serio compromiso de los tejidos por falta de irrigación sanguínea, fricción, golpes y exceso de exposición a una presión que el caballo no puede transferir a otros lugares para así descomprimir y aliviar su estado. Todo esto sin importar cuánto hayamos fortalecido la musculatura de la espalda, comenzará a ocurrir pasados los 10 a 15 minutos de la monta, pues estamos hablando siempre de algún grado de isquemia y contusión (peor aún en el llamado "trote levantado").

A menos que los jinetes comiencen a practicar algún tipo de arte de la levitación, la columna vertebral de este ser vivo sufrirá y soportará, cuando menos, un peso y un vaivén que no estuvo tenido en cuenta en su desarrollo evolutivo. Los problemas óseos, pinzamientos de vértebras, deformaciones, los desgarros y luxaciones más comunes, pueden comprobarse abriendo algún libro de medicina veterinaria sobre patologías de la espalda del caballo.

"Si el otro se convierte en lo otro, es más confortable la idea de posesión."

El caballo, un ser cognitivo

No es correcto plantear la cuestión de quién es inteligente y quién no lo es. Podemos hablar solo sobre cuál cerebro tendría, en comparación con el cerebro humano, el potencial de la mente y cuál no. En este momento entendemos que el cerebro del ser humano no puede ser fijo o heredado. Podemos tomar cuarenta y cinco generaciones de profesores, escritores y filósofos, y al final de esta cadena podríamos dejar este niño pequeño en una jungla. En fin, como resultado, tendremos una pequeña "bestia" que no sabe nada y no tiene los conocimientos fundamentales. Bien podemos dar por seguro que el intelecto de esas cuarenta y cinco generaciones no existe para él.

Alexander Nevzorov

Por lo general, se entiende que la adquisición de conocimiento implica procesos cognitivos complejos. ¿Hacen eso los caballos? ¿Son estos animales cognitivos, con inteligencia, con una mente, capaces de pensar?

La adquisición, elaboración, recuperación, y utilización de información implica un conjunto de capacidades relacionadas a la memoria, la percepción, la toma de decisiones y otros, llamados procesos de conocimiento, pero para esto se necesita un cuerpo. Hoy sabemos que esta "encarnación" es uno de los fundamentos del conocer. Sabemos que los ordenadores y los programas no piensan, pues solo los seres vivos, con una experiencia corporal pueden hacerlo; que la mente no está en el cerebro sino que es, más bien, una manifestación de todo el cuerpo y su experiencia. Como explica el neurobiólogo chileno Francisco Varela: "Uno de los más importantes avances en ciencia en los últimos años es la convicción de que no podemos tener nada que se asemeje a una mente o a una capacidad mental sin que esté totalmente encarnada o inscrita corporalmente, envuelta en el mundo. Surge como una evidencia inmediata, inextricablemente ligada a un cuerpo que es activo, que se mueve y que interactúa con el mundo."

Sobre la mente de los animales se ha escrito bastante, pero hay algo simple que nos ayudará rápidamente a evacuar nuestras dudas. Podemos apreciar el funcionamiento de la mente cuando nos es posible apreciar la lógica de ciertos comportamientos. No es que esto ocurra todo el tiempo, no hay pruebas de lo contrario, pues a veces no somos lo suficientemente observadores o entendidos para apreciar esa lógica. Eso es lo que muchas veces ha llevado a muchas personas humanas a pensar en los animales como seres sin pensamientos o incapaces de conocimiento. Siempre que hemos intentado sumergirnos en el terreno de la cognición animal, las barreras han sido mayores de nuestro lado que las dificultades para encontrarla o medirla. Los animales nos han sorprendido, cada vez, con resultados que no esperábamos. La particularidad humana, eso que creemos que nos hace únicos, mejores o excepcionales, solo está en nuestras creencias, —sobre todo, esas que nos acompañan del pasado— y en nuestros anhelos de separarnos de la animalidad, que asociamos a lo inferior o lo salvaje.

Los caballos ya han demostrado capacidades cognitivas y sensibles remarcables, incluso durante experiencias que, por lo general, no han sido bien conducidas. pues tienden a confundirse, valorando más la capacidad que ellos poseen para ser entrenados o condicionados que sus capacidades de conocer y comprender el mundo y a los demás.

Este verso de José Hernández siempre ha llamado mi atención.

El animal yeguarizo,
perdónenme esta alvertencia,
es de mucha conocencia
y tiene mucho sentido;
es animal consentido
lo cautiva la pacencia.

José Hernández [32]

(32) José Hernadez , La Vuelta De Martín Fierro - Capítulo X - Estrofa 14

Habla del caballo como un animal con conocimiento y sentido, aconseja paciencia y consentimiento. ¿Se necesita algo más para relacionarse con un caballo? Yo diría que no se necesita nada más, o sea ningún elemento más dentro de la fórmula, salvo que, como las relaciones, tienen dos orillas: el conocimiento y el sentido tienen que estar de la nuestra.

Se dice, entonces, que el caballo tiene "conocencia", que tiene conocimiento. ¿Es así?

De alguna manera, el conocer es inseparable de los seres vivos. Lo mismo podemos decir del sentir. Sentir y conocer son las características inherentes a lo vivo, y no a lo inanimado. Si partimos de considerar a los animales como seres sensibles y no como objetos inertes o pasivos, debemos cambiar la mirada y considerar a los animales como sujetos dialógicos.

> *—Qui es-tu?, dit le petit prince—. Tu es bien joli...*
> *—Je suis un renard —dit le renard.*
> Le petit Prince, Saint-Exupéry
>
> [- Quién eres? – dijo el principito. – Eres muy bonito...
> - Soy un zorro – dijo el zorro.]
> El principito, Saint-Exupéry

Presten atención a la frase de El pequeño príncipe: este pregunta ¿quién eres? (Qui es-tu?, dit le petit prince) y no, "qué eres?". Esa simple actitud del niño, está abriendo, de alguna manera, la posibilidad al diálogo. Podemos tener mucha información sobre los caballos o incluso sobre cómo cuidarlos o domarlos, pero el diálogo comienza cuando puedo reconocer al caballo como alguien, sin importar cuanto haya estudiado su morfología o su alimentación. La comunicación real entre nosotros comienza cuando mi actitud permite al otro manifestarse como quien es. Es por eso que la mayoría de los métodos fallan cuando llaman "comunicarse" al mero hecho de adiestrar o dar órdenes a los caballos.

La comunicación a la que me refiero es posible si hay algún tipo de diálogo y se sostiene con respeto, libertad, paciencia, consentimiento... ¿algo más?

Realmente no somos conscientes de la devastación que produce el cautiverio en los animales. Creemos conocer a los caballos porque tenemos por costumbre relacionarnos desde hace milenios con seres a quienes se les ha quitado la libertad, se los ha aislado de su familia y conocidos, se les niega la soberanía sobre su propio cuerpo y la libre exploración de su territorio, se los adiestra o se les enseña de maneras coercitivas, todo eso apareado generalmente a modos de vida insalubres. La vida junto al hombre y el cautiverio no han sido la "salvación" de la especie *equus caballus*, sino un triste proceso de manipulación y esclavitud que, en la mayoría de los casos, han convertido a estos seres en "sombras" y penosos ejemplos de su verdadero potencial.

"Perdónenme esta alvertencia..." [33] pautas para comenzar otra relación con los caballos

"Perdónenme esta alvertencia..." [33] pautas para comenzar otra relación con los caballos

(33) La Vuelta De Martín Fierro - Capítulo X - Estrofa 14

Tal vez, se necesite un tiempo para "digerir" la información que he brindado. Por lo general, este tipo de descubrimientos y de datos, nos causa algún efecto. Debemos poner en contexto todo, pues aquí no se trata de rasgarse las vestiduras o de acusar y encontrar a los culpables, sino de tomar conciencia y responsabilizarnos de nuestro accionar con los caballos.

Retirar "los velos" y ver qué hay detrás hace, generalmente, que nos encontremos con realidades mucho más hostiles, violentas y feroces de lo que imaginábamos antes de indagar profunda y honestamente en aquello que nos inquieta. Recorrer esta búsqueda conlleva a veces dolor, pero permanecer ciegos nos mantiene lejos de una tarea "con sentido".

El "mundo de los caballos" y su situación generalizada se han vuelto una gran mentira, ahora idealizada por alguna especie de mágico encantamiento susurrado al oído de los caballos.

No tengo ninguna duda de que es el desconocimiento el principal impedimento para quienes quieren relacionarse con caballos, respetándolos.

Dada la situación actual, al parecer muchas personas desesperan en relación con lo que he estado tratando de señalar respecto de los caballos. Algunos comienzan a argumentar que es imposible algún cambio, que la función del caballo ya está destinada (determinada) históricamente por la domesticación. ¿Qué sentido tendría criar, entonces, caballos? ¿Qué sentido tendría tener un caballo sin el objetivo de usarlo de alguna manera? Estos suelen ser algunos de los argumentos más comunes. "Es inútil, es imposible, no hay esperanza para los miles y miles de caballos que tenemos", postulan otros.

Siento que todos esos argumentos, más allá de su lógica, no hacen sentido. Quienes amamos a los caballos sabemos, desde alguna parte de nuestro interior, qué buscamos. Somos conscientes íntimamente de que, al acercarnos a estos hermosos animales, no estamos usando esa lógica, y que es otra la razón de ese inexplicable afán de intimidad y armonía con nuestro caballo. Y sé por experiencia propia que dar respuesta a ese interés de comunión no es inútil o sin esperanza, sino más bien una tarea con sentido.

La propuesta no es imposible, no es que, de pronto, todos los caminos se cierran y la única posibilidad sana o respetuosa es tomar nuestros caballos y dejarlos libres en una reserva o algún santuario. De hecho, si bien es posible y sería ideal para la especie equina, no suele ser lo ideal para nuestro caballo como individuo. Respecto de los caballos como especie, y de nuestros caballos como individuos, todos nosotros, como especie y cada uno como individuo, tenemos grados distintos de responsabilidad. No es mi intención seguir profundizando sobre la primera cuestión más de lo que lo he hecho en los capítulos sobre domesticación y el trato hacia los animales. Más bien, quiero centrarme en las posibilidades que cada uno tiene como individuo en relación con nuestro caballo, en relación con los caballos en general.

De una manera u otra, al adoptar a un caballo, si lo hemos hecho responsablemente, asumimos un compromiso. Ahora que podemos ver desde esta nueva perspectiva cuál es la implicancia de nuestras acciones en su vida, podemos, de ser el caso, redirigir nuestro accionar y nuestros esfuerzos hacia un cambio que represente verdaderas mejorías para él y sus condiciones de vida.

Si tenemos una relación con nuestro caballo, esta comenzará a experimentar una serie de cambios y, con cuidado y paciencia, de hecho florecerá y fructificará de maneras insospechadas. Les aseguro que este modus operandi es la clave para la libertad de él y de nosotros mismos.

Si tenemos una relación con nuestro caballo, esta comenzará a experimentar una serie de cambios y, con cuidado y paciencia, de hecho florecerá y fructificará de maneras insospechadas.
FOTO: David y Tamia. copyright Mariana Domic Radtschenko

Lleva tiempo quebrar los viejos patrones, tiempo, paciencia y un acto de voluntad para volverse lo suficientemente vulnerables, como para ponerse a explorar territorios desconocidos para nuestras mentes y nuestros cuerpos.

Eloise Ristad

La redefinición del vínculo

Primum non nocere. [34]

Todo en nosotros los mamíferos tiene una gran dependencia de las sensaciones fisiológicas, y el arte de hablar el lenguaje del caballo en primer lugar es la habilidad para no causarle molestias fisiológicas o dolor. Una relación cercana, noble y preocupada con cualquier ser vivo siempre te da increíbles resultados.

Alexander Nevzorov

(34) "Primero que nada, no dañar", alocución latina atribuida a Hipócrates.

En principio, no hacer daño. Esa podría ser la primera condición. Esta representa dos cosas: una, un compromiso; otra, el ejercicio de una nueva mirada.

Ello requiere ir entendiendo varios aspectos de la relación y un cambio en nuestro accionar, como decía antes.

Lo que van a encontrar es que no hay una receta o fórmula, ese cambio va a ser generado por nuestra comprensión, no solo de los caballos, también de la manera de vincularnos. Esta transformación, en general, podríamos decir que se inicia con un aprendizaje. Un reaprendizaje, si lo desean.

En algunas otras ocasiones, he mencionado la relación que hay entre entendimiento y aprendizaje. Entender a los caballos es aprender sobre las relaciones que los constituyen, sostienen y transforman, esto es, aprender sobre ellos y sobre nosotros —en el caso de los caballos que deben hacer sus vidas junto a los humanos.—

Nuestro aprendizaje sobre los caballos comienza con descubrir la implicancia de nuestras acciones en la vida del caballo. Esto debería sernos claro ahora, ya que nosotros, al haber domesticado los caballos, estamos continuamente generando y transformando su entorno con nuestras decisiones. De esta manera, entenderemos la relación entre nuestras acciones (que lo afectan directa o indirectamente al modificar su entorno natural) y las suyas. Un caballo (como expliqué cuando tratamos sobre su naturaleza) nunca va a actuar normalmente en un ambiente hostil. Así como tampoco actuará de manera espontánea o normal frente a mi accionar si le produce daño, dolor o incomodidad. Para poder entender a nuestro caballo, intentaremos algunas de las cosas que estuve sugiriendo con anterioridad. Mi propuesta ha sido siempre partir de esta idea de uno de mis maestros. Él decía que comprender significa "ponerse debajo": "understand" (stand: pararse; under: debajo), en el sentido de que la comprensión requiere de una atención, de un aprendizaje, tal vez, de un servicio.

Cuando al principio hablé acerca de que todos podemos estar de acuerdo en que el amor no involucra ningún tipo de control, dije también que el amor incluye la preocupación o desvelo por el ser amado. La idea de comprender realmente al caballo, de preocuparse por entenderlo, sugiere una atención y también de un cuidado. Atender sus necesidades encuentra como requisito comprenderlas, tener una mirada atenta. "Cambiar la mirada" implica, un poco, ponernos al servicio de sus necesidades, no ya él al servicio de las nuestras, por eso esta idea de colocarse por debajo (understand). Todo esto será el aprendizaje sobre quién es el caballo y cuáles son sus necesidades reales.

¿Por qué uno debe colocarse debajo para poder entender? El entendimiento es, en realidad, una especie de aprendizaje sobre algo o alguien. "¿Por qué el entendimiento es una especie de aprendizaje? Entender a alguien es –decía mi maestro–, percibir lo que el otro percibe. ¿Cuál es la diferencia entre las dos palabras, entonces? Normalmente, el aprendizaje tiene un objetivo definido, uno aprende un lenguaje, un deporte, etcétera; mientras que el entendimiento es aprender el significado de las palabras de los otros, lo cual significa aprender sobre sus palabras y la realidad a la cual ellas se refieren". [35] Los caballos no poseen palabras. Para entender a un animal uno debe entender la relación entre sus acciones y su entorno. Básicamente, comprender o entender significa aprender sobre las relaciones.

Nuestro aprendizaje continuará, luego, cambiando el control por "el respeto y la escucha", que se manifiesta en la atención de nuestro caballo y el cuidado de su bienestar. Esta mirada atenta nos va a ayudar a reconocer a ese caballo como individuo. Pero he aquí que lo interesante de esta nueva etapa es que el reconocimiento va a ser mutuo. Esa es la clave. No olvides que todo lo que sabemos sobre los caballos puede ser usado para manipularlos, usarlos o someterlos. Más allá de todo, el conocimiento es importante, pero el reconocimiento es esencial.

Cuando comenzamos a relacionarnos con el caballo como individuo, él hará lo mismo con nosotros y a partir de este mutuo reconocimiento es posible la construcción de una relación respetuosa. Veremos así el comienzo de un nuevo tipo de relación.

Al menos en mi experiencia, todos estos desvelos, estos cuidados, este develar no solo respecto de todo lo que desconocía sobre los caballos, sino lo que expuso a mis caballos como individuos, fue mostrándome algo de ellos que nunca había llegado a comprender.

(35) Kenyiro Yoshigasaki, El viaje interior de un extraño.

En principio, no hacer daño. El cuidado, el desvelo, el interés y el respeto por ese otro en la base de la relación, nos pone frente al aprendizaje y este nos va a llevar a la comprensión. Mientras tanto y gracias a ese proceso enmarcado en la libertad y el respeto, en el desvelo y el cuidado, una relación única florecerá.

En busca de otra relación con los caballos. Algunas *"alvertencias"* más.

Comienzo con las palabras de la documentalista –amiga y compañera en este camino de los caballos–. Stormy May[36] al describir nuestro modo de relacionarnos en un artículo:

"¿Qué tipo de sistema de entrenamiento es este, en donde no existe el lenguaje comúnmente hablado y tampoco fuerza, dolor o amenazas de dolor? ¿En dónde encaja el modelo de condicionamiento operante? El método es decepcionantemente simple. No se le permite nunca a una persona dañar al caballo, especialmente para su propio placer y deben estudiar al caballo minuciosamente, de manera tal de nunca dañarlo. Después de esto, es cuestión de pasar tiempo juntos, primero desarrollando juegos y luego un sistema de comunicación entre el caballo y el humano, que es mucho más fuerte que cualquier método de entrenamiento de dolor inducido. Encontré la manera de desarrollar un verdadero compañerismo con el caballo y no era un sistema de entrenamiento en absoluto, es una manera para desarrollar la comunicación de dos vías."

Quizá sea un poco difícil de entender esto que decimos, pero considero que es el mayor desafío, pues la mayor parte del trabajo para hacer es sobre nosotros mismos. Nuestro modo de ver y tratar al caballo es lo que debe cambiar. Michael Bevilacqua[37] en uno de sus primeros escritos aconsejaba: *"El mayor trabajo*

(36) Stormy May es el nombre de la productora y realizadora del documental "The path of the horse", El camino de los caballos.

(37) Michael Bevilacqua es autor del libro *Beyond the dream horse* y representante internacional de la NHE.

aquí será nuestro, no de los caballos. Eso ya es un gran cambio en relación con lo que muchos están acostumbrados. Todas las respuestas están, ya, delante de nosotros, junto a nuestros caballos, y se materializarán ante nuestros ojos cuando estemos dispuestos a entender las respuestas. Trabajar con un caballo salvaje, que no tenga experiencia humana anterior, posiblemente sería más fácil. Puede haber un período de transición con un caballo domesticado, cuando empieza a darse cuenta de que él ahora tiene una posibilidad de elección. Podría sentirse dudoso, todavía, sobre nuestras verdaderas intenciones, y es posible, incluso, que trate de asegurarse poniéndonos a prueba. Sin embargo, mientras tanto, todavía podremos ver la sorpresa en los ojos de los caballos cuando se dan cuenta de que les estamos pidiendo interacción en lugar de nuestro habitual "haz lo que te digo, o de lo contrario...". Esta no es una solución rápida para lograr que los caballos hagan cosas lindas. Si no creemos en la filosofía detrás de esto, no funcionará. Si en el corazón está el interés por "lo mejor para el caballo", entonces el caballo terminará haciendo más de lo que nunca imaginaron. Es una hermosa experiencia una vez que puedan aceptar al caballo tal como es, y ayudarlo a entender lo que están tratando de comunicar y tener la paciencia de llegar allí. No es el objetivo, es el viaje. En primer lugar, tenemos que liberar a los caballos. Retiren el freno, las herraduras, y dejen su espalda sanar. Se trata de un simple punto de partida apoyado por décadas de investigación y estudio científico. Este esfuerzo de nuestra parte bien vale la pena. Es el momento de comenzar la curación"…

Para quien se esté preguntando "¿Qué debo hacer?", hay algunas cosas importantes para entender y destacar desde lo que sería la práctica o la manera de conducirnos.

No uses métodos de presión liberación. No uses sogas, tampoco corral redondo o lugares que condicionen la expresión de su libertad.

Pasa más tiempo de calidad con él, me refiero a hacerle compañía (lleva un libro, un tejido, un instrumento musical, medita, etc. y quédate a una cierta distancia, pero no demasiado cerca). Obsérvalo si lo deseas, de paso aprenderás de él, pero no tanto como para molestarlo o incomodarlo se respetuosa/o, no le impongas tu presencia.

Respeta lo que te "diga" y sus apetencias, así él se sentirá más confiado para expresarse.

Nunca, jamás, lo golpees, le grites o lo disminuyas y deja de considerar que él te debe alguna cosa o que su vida tiene algún tipo de propósito fuera de su propia existencia.

Estas serían las "reglas de convivencia" para establecer una nueva relación.

No se trata de un método, sino de un cambio en cada uno, que los llevará hacia una comunicación real con los caballos.

¿Cómo comenzarás esa transformación?

Si quieres saber qué es lo que realmente quieren, sienten o necesitan los caballos, debes darles oportunidad de expresarlo y "garantías de respeto". Cambiando tu comprensión del otro, dejando las expectativas a un lado, dándole libertad. Esto es algo que se puede aplicar a cualquier otro animal además de los caballos. Es una cosa que incluso quien se considera respetuoso de los animales en general, no debería pasar por alto: En principio deberíamos satisfacer las necesidades de los animales que hemos domesticado (y por alguna razón mantenemos cautivos) de manera respetuosa sin imponerles condiciones.

Algo que puede ayudarte en esto es pensar que "el caballo siempre tiene razón" y debes respetarlo. Otra cosa que necesitas es darle tu comprensión y tiempo. La mayoría de los caballos han nacido sin esas condiciones y por esto necesitarán (al igual que nosotros) hacer un proceso para entender o sanar. Este proceso, en el mejor de los casos, puede llevarle un par de años. Probablemente sea un proceso largo, pues realmente los caballos no solo están cautivos, sino que muchos viven en un estado de cierta "dependencia logística". Pero eso no quiere decir que no puedan estar libres e interaccionar con nosotros desde esa libertad, o que para ello debamos sólo observarlos con un largavista. Lo más importante es que podemos transformar su situación actual, cada persona puede hacerlo desde su propia relación.

Ocuparnos de ellos sin pedir o esperar nada a cambio: ni que nos obedezcan, ni que nos sirvan o que nos permitan usarlos, ni que nos amen porque les damos alimento y refugio. Los animales dependientes cautivos no eligieron venir a vivir con nosotros para servirnos o acompañarnos.

Cuando nuestra manera de vincularnos se despoja de todo tipo de vínculo transaccional, manipulador o coercitivo, cualquier animal -llámese caballo, perro, gato, o niño-, recibe de esta manera la oportunidad y el ambiente necesario para desarrollar la "confianza", que le permitirá expresarse de manera auténtica y ser "él mismo" (cuando se le brindan las condiciones).

Si, a ese ambiente de cuidado del otro, le agregamos la ausencia de entrenamiento, de manipulación afectiva y de coerción, empoderando, además, el desarrollo de las nociones (de sí mismo y del vínculo) que lo reafirman como ser autárquico y libre (con derecho a la libertad), es casi seguro que todo el panorama cambie y se convierta en un modo de coexistencia respetuoso de las libertades de esos seres que están a nuestro cuidado. Luego recién ahí, podemos comenzar a hablar de aprender juntos en libertad. De otra manera, siempre estaremos creando condiciones para que se genere algún grado de indefensión aprendida o algún tipo de manipulación emocional, porque los animales (incluidos los niños) son extremadamente perceptivos y en su necesidad de aceptación o supervivencia se terminarán adaptando a las condiciones que les ofrecemos, aunque estas sean, incluso, dañinas para ellos.

Es un proceso maravilloso de descubrir y acompañar. Podrás apreciar cómo al restituirles la libertad ellos, poco a poco, van recuperando la soberanía de sí mismos y cuán sanador puede llegar a ser todo esto. De qué manera en la re apropiación de su vida y experiencias, aprenden a reconocerse y cómo este proceso los transforma en tantos sentidos. Sería como abrir las puertas de una jaula y contemplar cómo el otro comienza a explorar el mundo a su alrededor, compartiendo su regocijo, su asombro y maravilla. Diría que esas experiencias son tan necesarias para los caballos como el agua, el pasto y el aire para respirar. Es en ellas y en esa libertad que él se reconoce.

Algo más sobre los métodos de enseñanza o educación y la cognición de caballos

La experiencia cognitiva real alimenta la subjetividad animal, le devuelve a éste la soberanía sobre su aprendizaje y su relación con el mundo.

Cuando pienses que debes enseñar a un animal, o si estás convencido de que "el caballo debe aprender" algo, tienes que tener muy en cuenta lo que acabo de explicar. Siempre hemos pensado que los caballos u otros animales que conviven con nosotros, "deben" ser enseñados o educados por su propio bienestar o necesidad. Este es un nuevo camino a la coexistencia y la interacción con el otro que, por supuesto, no se trata de adiestrar en libertad o de entrenar sin rienda a un caballo. Es lo contrario del entrenamiento, del adiestramiento o del condicionamiento que proponen una experiencia vacía de sentido para el animal, desprovista de subjetividad o proporcionalidad donde "hacer pie", donde ser y expresarse. La experiencia de apropiación de su aprendizaje y de sentido necesitan estar ahí, presentes, en su nueva vida.

... y le susurré al caballo:
No confíes en el hombre
en cuyos ojos no puedas verte
reflejado como un igual.

Don Vincenzo Giobbe, circa 1700 dc.

You say I am repeating
Something I have said before. I shall say it again.
Shall I say it again? In order to arrive there,
To arrive where you are, to get from where you are not,
You must go by a way wherein there is no ecstasy.
In order to arrive at what you do not know
You must go by a way which is the way of ignorance.
In order to possess what you do not possess
You must go by the way of dispossession.
In order to arrive at what you are not
You must go through the way in which you are not.
And what you do not know is the only thing you know
And what you own is what you do not own
And where you are is where you are not.

[Dices que repito
Algo que he dicho antes. Lo diré nuevamente.
¿Lo diré nuevamente? Para llegar ahí,
Para llegar adonde estás, para salir desde donde no estás,
Debes ir por un camino en donde no hay éxtasis,
Para llegar a lo que no sabes
Debes ir por un camino que es el de la ignorancia.
Para poseer lo que no posees
Debes ir por el camino de la desposesión.
Para llegar a lo que no eres
Debes ir por el camino en que no eres.
Y lo único que sabes es lo que no sabes
Y lo único que posees es lo que no posees
Y en donde estás es en donde no estás].

East Coker, T. S. Eliot

Mi Camino con los caballos, de la coacción a la conexión

Una relación cercana y noble con cualquier criatura viviente siempre te dará increíbles resultados.

A. Nevzorov

El camino de los caballos es, en principio, el camino al ansia de conexión con ellos . Es la búsqueda de la relación y la cercanía a ese don, a esa magia que los caballos han tenido siempre para las personas. Más allá del control último que hemos tenido sobre ellos, y antes de que haya sido puesto en duda, el camino de los caballos es cuestionarse, aún sabiendo que tenemos el control y que son "nuestros".

Así, el Camino es, para algunos, empezar a preguntarse si ese control puede llegar a obtenerse de otra forma que no sea la que conocemos. En principio, si ese cuerpo puede llegar a doblegarse de otra manera, si ese espíritu puede llegar a manejarse de otra manera. Más adelante, otro tipo de preguntas llegan: ¿Es necesario doblegar? ¿Es necesario controlar? El camino de los caballos se convierte, entonces, en la búsqueda de la reciprocidad, en la búsqueda de la danza. Una búsqueda que implica la renuncia al control y al sometimiento. Una exploración comienza, en la espera de que el caballo nos elija. Anhelando que se brinde, esperamos que el caballo se entregue, que el caballo nos de, nos comparta. Pero eso no es suficiente.

Personalmente, este camino hizo que me cuestionara muchas cosas. En principio, ¿por qué creía o pensaba que podría obtener lo que quisiera del caballo, doblegándolo o controlándolo? ¿Qué es lo que obtenemos cuando hacemos eso con los caballos? Estas preguntas también forman parte del camino. Preguntas que a veces he podido responder, y en la búsqueda, darme cuenta que todo esto tiene que ver con algo más que con los caballos. ¿Por qué el deseo de controlar a otros seres, de someter a otros, sean estos caballos o personas? El camino de los caballos me ha llevado hacia las personas, hacia mí mismo, y a entender el porqué de mi deseo de control o sometimiento.

¿Cuáles eran las causas? ¿Cuáles eran las cosas que no me permitían ver lo que ahora veo? Tal vez haya sido, entre otras cosas, toda la situación de ilusión y desconocimiento que ronda el mundo de los caballos, pero creo que también se debe a que hemos naturalizado y aceptado demasiado la dominación y la violencia como una condición incuestionable en nuestras sociedades modernas.

Hay que comprender que históricamente la relación hombre-caballo es, en su situación más pura, control y dominación. ¿De qué le serviría o hubiera servido al hombre un caballo que no pudiera ser controlado o dominado?

Con el tiempo, fui descubriendo que hay una visión social general que acepta y permite (más aún, incentiva) el control y la dominación hacia todo lo que es natural y libre, hacia todos los elementos que, muchas veces, escapan a nuestra compresión. En ese momento, el Camino de los caballos se volvió para mí una muestra de todo lo que los seres humanos debemos comprender sobre nosotros mismos, sobre nuestras necesidades, nuestras carencias, nuestros miedos… de cómo al no comprender, nos movemos en los estados más básicos de miedo y deseo, ya sea para controlar el entorno o nuestras propias vidas, y con eso el alejamiento de las fuentes… de las fuentes biológicas, de las fuentes naturales, de las fuentes espirituales, de la armonía con nosotros mismos y con el territorio.

El Camino de los caballos continuó y me llevó a ver lo que no me estaba permitiendo escuchar desde la empatía y la compasión. Y al ver, al verme, vi mi expectativa y vi el sufrimiento del caballo. En la espera de que el caballo se entregue, vi lo que todavía había en mi corazón, vi lo que quería obtener y me di cuenta, otra vez, de mis "necesidades" aún presentes.

Para mí, *el camino de los caballos* ha sido ver el reflejo de lo que hacemos con ellos, con su libertad y con su naturaleza, para después ver el reflejo de lo que hacemos con nosotros, con nuestros cuerpos, con nuestros niños. Entonces, en este momento, me parece, se pierde el camino y se convierte en todo y en nada, ya que uno deja de esperar. Solo busca conectar, solo quiere estar y restablecer el vínculo. Restablecer el vínculo con uno, con su cuerpo, con la naturaleza, con la tierra, con los caballos…

El camino de los caballos, el camino de la deconstrucción

"Tu caballo es el espejo de tu alma", dice un antiguo refrán árabe.

"Se puede deslizar el arco sobre el fondo de un violín durante treinta años, incluso cien años, pero aun así no habrá música alguna, y la persona que sostiene el arco, tampoco se convertirá en músico."
A. Nevzorov

"Los caballos pueden verte el alma", dijo Lucy Rees etóloga y domadora natural. Esa percepción que han tenido muchas de las más conocidas mujeres y hombres de caballos, es cierta. Los caballos pueden escrutarte y verte como realmente eres en muchos sentidos, pero ¿es esto lo más importante?.

Sensibles y profundos, han de escanearte y reconocerte, sin importarles tu condición social, tu fama o tu dinero. Así son los caballos, mas solo se mostrarán como realmente son ante quienes "ofrezcan" un real respeto, ante quienes estén en condiciones de conocer "el alma" de un caballo. No puedes engañarlos, pues pronto se darán cuenta, y te será velada la experiencia de un encuentro profundo y real con esos seres tan admirados y tan desconocidos. Esa es la razón por la que debes realmente cambiar, ese es "el camino". Engañarte, engañarlos, solo te llevarán al mismo callejón sin salida, a la misma mentira de todo entrenamiento.

Es cierto que el secreto del alma de un caballo es que este no te debe nada, ni está obligado a obedecerte, pero conocerlo de verdad implica cambiar profundamente y encarnar esas palabras. Solo así, él también te dejará ver su corazón; de lo contrario, te verás obligado a seguir domando, sometiendo, manipulando, condicionando, amenazando y comprándolo, como hacen todos. Terminarás usando la doma india o la doma natural, el entrenamiento en libertad, el trick training y el clicker -o te inventarás algún otro método, algo nuevo con un bonito nombre que mencione lo libre, natural o bondadoso que es tu entrenamiento. Todo para conseguir algo que solo en apariencia se ve como entrega, confianza, respeto o amistad.

If you came this way,
Taking any route, starting from anywhere,
At any time or at any season,
It would always be the same: you would have to put off
Sense and notion. You are not here to verify,
Instruct yourself, or inform curiosity
Or carry report. You are here to kneel
Where prayer has been valid.

T. S. Eliot

[*Si uno viniera por cualquier camino,*
partiendo de cualquier lugar,
a cualquier hora, en cualquier estación,
siempre sería igual: tendría que dejar
la razón y el sentido. Uno no viene aquí
para verificar, para instruirse,
para satisfacer una curiosidad
o elevar un informe. No, viene a arrodillarse
donde la plegaria fue válida.]

T. S. Eliot

Como dije anteriormente, no se trata aquí de hacer el esfuerzo, ni siquiera de luchar contra el deseo de montar u obtener de los caballos algo que hemos estado deseando por años. Solo la conciencia sentida (casi diría corporalmente) y el sentimiento empático abrirán en ustedes esa posibilidad a sentir de otra manera. No es una manera de pensar, no es la información la que genera el cambio, sino que este es un producto, más bien, de un nuevo sentir, un nuevo emocionar, respetuoso, ético. Dejen que la lectura de este libro encuentre todas las objeciones que tengan para hacerle. Hay una forma de descubrir esa manera, única de cada uno en el hacer, y es solo a través de la relajación y el juego, no de la exigencia o la presión (si, efectivamente, al igual que con los caballos). Claro que quebrar los viejos patrones requiere de decisión y arrojo, pero esa actitud llegará en el momento en que cada quien esté preparado. Creo que cada uno necesita recorrer su hacer o no hacer con autocrítica y luego permitir que estas reflexiones, datos y conocimientos, lo encuentren en algún punto de su propio recorrido con los caballos, o con la naturaleza, o con la vida.

Por mi parte, naturalmente, he llegado a entender mucho desde mi propia experiencia, en la convivencia con distintos animales y también desde mi recorrido de investigación sobre los caballos de los últimos años. A partir de este recorrido, lo entiendo desde un fuerte cambio en la "dimensión vincular" y su trasfondo social todo.

Es un hecho que la esclavitud, el cautiverio o, en su defecto, la privación de las libertades causadas por la apropiación humana sobre algún individuo de cualquier especie (y muchas veces, sobre sus territorios o medio ambiente), colocan las discusiones sobre el derecho de los animales, el respeto a sus vidas y su cuidado, mayormente dentro del ángulo negativo del bienestar, del bienvivir, el respeto, la coexistencia, y la relación vincular. Mas, en lo personal, siento que esta dimensión agrega algo remarcable a la hora de pensar a los animales no humanos, pues es donde más límites encontramos cuando se da la oportunidad de poner en práctica los conceptos o ideas antes mencionados. Desde mi perspectiva, creo que lo que ocurre es que en los nuevos modelos y propuestas vinculares falta entender algo fundamental en relación a lo que llamamos respeto, e incluso bienestar y necesidades. Esta noción fundamental se infiere del contexto de su legitimidad biológica, desde el cual toda vida habita en la libertad de sufrir, vivir o morir en relación a sus propias decisiones.

Cuerpo, vida y libertad, esa dimensión olvidada de la animalidad

> *"Libertad" más que un concepto es una dimensión corporal de la animalidad, esa capacidad para sentir que hemos olvidado o acallado.*
> David Castro en Aforismos de animalidad

La maravilla de los cuerpos vivos es que poseen una voluntad propia, no son inertes, buscan su conservación, se auto preservan y producen. La vida es eso, una entretejida trama de cuerpos autopoiéticos.[38] Esta voluntad de los cuerpos vivos por persistir en el tiempo y el espacio, es su esencia, su origen.

(38) Autopoiesis es la capacidad que tienen los seres vivos de auto-producirse a sí mismos.

Por más que nos esforcemos por crear nuevas razas y especies o incluso clonar individuos, la vida reclama su derecho sobre ellas: todo impulso vital de los seres vivos, depende de la preservación de su soberanía sobre el propio cuerpo y sus pulsiones internas –que van desde la expresión de un reflejo, hasta una toma de decisión meditada durante años– y que nos llevan a querer existir y seguir vivos. Cuando llegamos a comprender el universo subjetivo de un animal, por ejemplo, cuando vemos al otro desde esta perspectiva, el respeto a la libertad de este, toma una dimensión más importante, incluso, que la preocupación por su felicidad o su salud. En lo relacional, el respeto en las relaciones vinculares implica, desde sus bases, la aceptación (es más, el deseo) y la consideración por la condición constitutiva del vivir del otro.

Investidos de voluntad, persistencia, autocuidado: los cuerpos no están hechos para poseerse, a lo mucho para entregarse y vincularse. Ese sentimiento de preservación que reconocemos en nuestros cuerpos y otros cuerpos animales está directamente relacionado con la soberanía del cuerpo. Hay pocos seres que sienten que pueden perder su cuerpo sin perder la vida, una voluntad de vivir, está siempre relacionada a la soberanía del cuerpo que tenemos, que solo se entrega en la certeza o la confianza de que el otro velará por nosotros, nos cuidará, sanará, amará o protegerá.

La pregunta sería ¿protegerá y respetará, qué cosa? Mi respuesta es "la libertad a sufrir, vivir o morir en relación a nuestras decisiones". La vida es siempre un frágil equilibrio que tiende a la entropía y una voluntad de persistencia enamorada de la Libertad.

Para quienes admiramos y respetamos a los caballos, es solo darnos cuenta de que no podemos controlar eso que tanto admiramos, que nada puede arrebatarse, que tiene que ser compartido por el caballo, que debemos prepararnos y capacitarnos para recibirlo y no para coaccionarlo. Respecto de los caballos, solo podría agregar (como dice el poema de Eliot al principio de este capítulo) "algo que he dicho antes. Lo diré nuevamente, ¿lo diré nuevamente?":

"La verdadera relación respetuosa con los caballos es la clave para la comunicación y la comunión, sin sometimiento, sin imposición. Este modo operante es la base efectiva para el mutuo aprendizaje y la libertad, tanto para el caballo como para nosotros".

Palabras finales

Palabras finales

¿Qué pasa cuando lo obvio ocurre frente a nuestros ojos y no podemos verlo? ¿Qué progreso moral hemos hecho en cuanto a nuestro trato hacia los caballos?

¿Cómo tratamos a los animales y por qué? ¿Qué nos dice esto de nosotros como pueblo, como cultura?

Sobre la participación de los animales en nuestras vidas o la interacción con estos: Si bien ellos por su simple existencia apelan a nuestra animalidad negada u olvidada, el problema es que el antropocentrismo y el utilitarismo subyacentes en nuestra cultura nos ha posicionado como dueños de la tierra y sus habitantes, por lo que nos vemos obligados a cuidar de ellos. Hemos quedado atrapados en relaciones de tutor / dependiente en donde la aprobación, la comida y el contacto, que son necesidades básicas no negociables y deben ofrecerse sin expectativas, se vuelven parte del mismo círculo vicioso vincular transaccional.

Los animales en nuestra cultura parecen estar a nuestro cargo y, al igual que nuestros niños, tienen que aprender a sobrevivir en ella.

A muchos los violenta u horroriza la crudeza de mi planteo sobre nuestro trato hacia el Caballo, este animal históricamente amado y admirado. Fiel compañero y partícipe de la construcción de la civilización humana. Trabajador incansable en el desarrollo y la expansión de la huella del hombre. El noble bruto, bestia de carga, máquina de guerra, esclavo de la noria, motor del transporte, alimento, símbolo de estatus y de poder, cuerpo resignificado, golpeado, dominado, admirado, esclavizado, mercantilizado... Cuando escribo esto no puedo dejar de pensar en el lugar, la valoración y significación similar que hemos dado a muchos de nuestra especie, en especial a las mujeres... Como dije al comienzo, mi planteo cuestiona el sometimiento y la falta de libertad, la naturalización y la supuesta necesidad de uso, todo esto para lograr su obediencia o su administración, y con eso su adecuación dentro de nuestra cultura, su "correspondiente" lugar en ella. ¿Porqué aprobamos la apropiación y el uso de los otros seres y sus hábitats, y sólo juzgamos inadecuado lo que llamamos "abuso"? ¿Qué nos impide sentirnos parte de la trama de lo vivo en vez de creernos por fuera de ella y pretender dominarla o administrarla a nuestro antojo? Todas nuestras relaciones aparecen teñidas de algún tipo de mirada utilitaria.

Pienso que, al dejar al descubierto este mecanismo, también en este aspecto de nuestras vidas o nuestra sociedad, nos sumamos a las voces de otros en busca de alternativas.

En el devenir civilizatorio, los occidentales pasamos del mandato bíblico de "poblad la tierra y multiplicaos", al dominio tecnocientífico del planeta y su explotación. Una carrera ciega por el desarrollo, que nos ha traído a este desastre ecológico y climático (que en este nuevo siglo, se ha comenzado a manifestar de manera evidente). Claro que estamos haciendo cambios, intentando administrar mejor los recursos, desarrollando modelos sustentables, tratando de reciclar y buscar alternativas tecnológicas. Hoy se busca condenar el abuso y la explotación para llegar a cierto grado de acuerdo sobre la administración de lo que llamamos recursos naturales, pero, de todas maneras, sabemos que el problema es más profundo. No se trata de modelos económicos, sociales o políticos, sino más bien de una ontología domesticadora, nacida hace más de 5000 años, que nos atraviesa y nos constituye como apropiadores-civilizadores. Cuando cuestiono esto en referencia a los caballos y demás animales me veo enfrentado a un mecanismo social que oculta la realidad con una ilusión, o la naturaliza como algo ético e históricamente justificado. Es claro que ese "mecanismo" tiene sus bases en mucho de lo que hemos estado tratando y que no queremos ver. como el hecho de que vivimos inmersos en un modo de ver "la Creación" completa al servicio del hombre. Como expuse en el transcurso de este libro, esta percepción (antropocéntrica) se transfirió de las principales religiones al ámbito científico y tecnológico, llevándonos a ver la biosfera y toda la vida en ella como una mina de recursos disponibles para la especie humana y listos para ser explotados.

¿Es esta manera única y propia de lo humano?

El devenir evolutivo sigue un curso definido, generación tras generación, en la conservación de dos modos: uno es el vivir, ya que en la conservación del vivir está la posibilidad del vivir en todo ser vivo, y el otro es un habitar específico como modo particular de vivir su vivir, según la conservación de cierta identidad de clase u organización. Y éste último, la conservación de un vivir particular como modo de habitar, es guiado momento a momento desde una configuración de sentires relacionales íntimos hacia la coordinación de haceres y sentires que llevan al ser vivo a un continuo desplazarse en la búsqueda de un medio que le permita su vivir ('buena tierra'; nicho); de no concretarse éste encuentro el ser vivo muere.
(Maturana – Davila)

Mientras el ser humano sostuvo ese habitar biológico cultural coherente con la tierra, esto se mantuvo como parte de la experiencia humana, y por tanto nos mantuvimos en armonía con la animalidad (la nuestra y la restante). Por lo general, la dinámica de la realización del vivir en los organismos vivos responde a pautas biológicas, y a medida que nos adentramos en ciertas especies, las pautas culturales comienzan a tomar más relevancia. Dentro del habitar humano hubo distintos modos de "coordinación de haceres y sentires", lo que llevó a distintas expresiones de la dinámica de la realización del vivir, distintas culturas, humanas y no humanas que expresaron su habitar de maneras diferentes.

"Podemos tener la sensación de que el odio, la confrontación y la competencia aparecen constantemente en el ámbito humano. Pero, sin embargo, no son intrínsecos de lo humano. La dominación y la lucha por obtener beneficios en detrimento de los demás reúnen un conjunto de emociones que separan. Es una modalidad adoptada, posible, pero no es obligatoriamente parte de lo humano". (Laura Gutman, 2012). Estudios de distintas fuentes concluyen que, cuando las comunidades se organizan sobre la base de la lucha y la agresión, son muchas las desventajas para todos los individuos. Cuando esto ocurre, según Gutman, los seres humanos enfermamos, nos fragmentamos y nos dividimos cada vez más, al punto de terminar heridos en todas las áreas.[39]

La larga historia cultural que comienza con la domesticación como modo de apropiación de otros animales fue el trasfondo cultural que originó la ontología (la manera de vivir y comprender el mundo) que hoy modela nuestra manera de habitar la biosfera (la antroposfera).

La idea de una superioridad biológica, de la superioridad adaptativa, que reemplazó a las creencias religiosas y las jerarquías creacionistas, se corresponde con el paradigma de "competencia evolutiva", nacida bajo el influjo de los conceptos del patriarcado, como una justificación (pseudo) científica de la dominación. En el modelo de la lucha y la dominación del más fuerte (o sea el más apto), se naturaliza el modelo competitivo y de sometimiento, todo es un "sálvese quien pueda". La idea de que los animales pueden agotar los "recursos", de que los lobos pueden extinguir los caribúes, de que los maoríes pueden acabar con los peces, es una proyección de nuestro mundo occidental que responde a

---

(39) Esta desventaja relacionada a la agresión y la dominación es un fenómeno que ha sido observado por estudiosos de grupos animales, entre otros. Hay un interesante trabajo del Dr. Robert Sapolsky *Sobre estrés, agresividad y dominación* Es el relato de un episodio con un grupo de babuinos que él estudiaba. De pronto, toda la comunidad se vio afectada por un tremendo cambio "positivo" cuando una intoxicación con botulismo mató repentinamente a todos los machos dominantes y agresivos. Luego de eso, la comunidad entera se reestructuró sobre relaciones más afectuosas, y esto optimizó la salud y el bienestar de todos sus miembros.

la idea de que la naturaleza es una continua competencia por la supervivencia del más fuerte: que este "más fuerte", que esta especie "más apta", puede existir a pesar de la trama de la vida que componen el resto de los seres y el resto del universo vivo o no vivo.

En el modelo integrador, en la idea de una trama a la que estamos integrados y de la asociación (desde la perspectiva no antropocéntrica), se recupera la confianza y la integración a la trama vital: el equilibrio se protege (se sostiene) en sí mismo[40] cuando todos somos parte de la misma cosa, del mismo cuerpo, de la misma trama, la misma red, la misma manada. Son "fibras de comunidad" los caballos, los lobos, los indios zapotecos. Cuando una cultura se piensa con un cuerpo, el hecho de que un individuo esté enfermo se siente como un problema de todos.

En otras percepciones culturales humanas posibles o incluso para la cultura animal –desde el punto de vista de la animalidad– no existe tal desconexión o distancia, por esto el uso no es concebible. El caribú no hace uso de los pastos, el lobo no hace uso de los caribúes para su subsistencia, ni del aire, ni de la Tierra. No existe el derecho a la posesión del individuo sobre el ambiente u otros individuos.[41] La teoría moral moderna nos dice que el uso puede ser recíproco y esto debería considerarse como justo o bueno. Pero la idea de "uso" en sí misma es inconcebible en otras culturas o en otras ontologías.

Es necesario re conceptualizar una serie de ideas que nos parecen naturales, como por ejemplo la noción de apropiación. La idea de que los humanos son sujetos políticos porque son dueños de sí mismos es una de las bases de la democracia moderna, pero de ahí se desprende que los humanos se pueden apropiar del resto del mundo. Tenemos que inventar formas alternativas de

(40) Hace un tiempo se descubrió que cuando las pasturas son insuficientes, las poblaciones de caballos ferales disminuyen la tasa de natalidad.

(41) La cultura del uso no me hace "uno" con "el otro", me desconecta, me aleja, aumenta la distancia de tal manera que yo puedo o no usar al otro: a mi marido, a mi vecino, a mi empleado, al caballo, usar la naturaleza, usar un árbol, hacer uso de la tierra asi como hago uso de distintas herramientas.

apropiación, tal como existe en otras cosmologías. Y aunque no las podemos reproducir, porque ninguna experiencia histórica se puede reproducir automáticamente, pueden servir de fuente de estimulación intelectual.

Mientras en Occidente pensamos que somos dueños y poseedores de la naturaleza, en el resto de las cosmologías es todo lo contrario: la naturaleza es dueña y poseedora de los humanos. Claro, no se puede decir así porque para ellos la naturaleza como tal no existe, pero el punto es que entienden que los humanos son parte de un sistema más grande del cual son responsables y que los no humanos son condiciones para que los humanos desempeñen sus actividades. (Philippe Descola).

Descola cree que la teoría moderna del Estado[42] como marco de la existencia política de los individuos nos llevó a ignorar, durante muchos siglos, el hecho de que cientos de seres humanos han vivido por generaciones y generaciones en colectivos en los cuales los límites ontológicos no se detienen en las fronteras de la humanidad. Esta es la idea de Ainu de los amerindios, por ejemplo, en donde plantas y animales, lagos y montañas, forman parte del colectivo en igualdad de condiciones que los humanos. No es el caso de las sociedades modernas, donde solo se acuerda una existencia política a los humanos. Es una idea instrumental, –donde puede existir esta distancia de uso–, que, en cambio, no tiene cabida cuando lo humano se concibe parte de la trama, en integración con los otros e inmerso en un sistema (como los planetas en el cosmos), un sistema vivo del cual uno no se puede distanciar. El pez no puede vivir sin océano y su ser lo sabe, como otras culturas animales y humanas saben que no podemos vivir sin la trama natural. Cualquier pueblo no civilizado entiende que el río, el pez, el árbol, el ave, todos ellos, existen en los colectivos en que los humanos interactúan: todos son sujetos políticos.

Cuando cualquiera de nosotros, occidentales y civilizados, expresamos la naturaleza en términos de uso, es otro el mensaje, estamos concibiendo al

---

(42) En sus viajes a la amazonia durante 1976 se sorprendió de haber encontrado un fenómeno de anarquía pura, tan distinto a las construcciones sociopolíticas occidentales. No sólo no había Estado, sino que tampoco había jefes. Además, los achuares tenían una atención especial por la naturaleza: no existía una distinción entre humanos y no humanos, y sus relaciones interpersonales incluían a plantas, animales e incluso otros elementos de la naturaleza

universo de otra manera. Viviendo así el universo, nos paramos en otro lugar y así quedamos automáticamente expulsados de la percepción que tienen otras culturas de la trama de la vida o de la animalidad en la tierra, pues ellos (nosotros) son la trama y su dinámica, la trama funciona porque todos juegan en ese mismo juego de la vida, sin romperla y sin rebasar el equilibrio. Hoy día nuestras "relaciones con el vivir se han desplazado desde la confianza en la fertilidad espontánea, a la búsqueda ansiosa de la seguridad que trae consigo la abundancia unidireccional y que se obtiene al valorar la procreación, la apropiación y el crecimiento sin límites", diría el biólogo Humberto Marturana. Pero el colectivo hab tado por la humanidad pre civilizada era, como ya he explicado, un mundo sagrado que existe en la legitimidad de una abundancia armónica. Esta abundancia, y no la carencia que caracteriza a las relaciones de posesión y apropiación unidireccional, tiene lugar en la congruencia y balance natural de todas las maneras de vivir.

Riane Eisler escribió en su libro *El cáliz y la espada* sobre dos modelos básicos de sociedad. Uno es el dominador, en el cual funciona la jerarquización de una parte de la población sobre la otra. Y otro es el modelo solidario, en el cual la diversidad no se interpreta como superioridad o inferioridad de condiciones.

Estamos hoy, como dice Riane Eisler, en una "encrucijada evolutiva", pues las dos opciones (el modelo dominador y el modelo solidario) son posibles.

Un cambio de paradigma de nuestra cultura global, en donde el centro del movimiento no sea la humanidad –y los deseos de hermandad y fraternidad entre los hombres solamente– sino la hermandad con la vida (biofilia), podría darnos el empuje necesario para el cambio real hacia una cultura global integrada a la trama biológica (o planetaria) y también el contacto con nuestro ser biológico. La Animalidad al contrario de lo "humano" –que es excluyente–, se presenta hoy como concepto que nos incluye y tiene para mí el atractivo de evocar ese estado o existencia natural del hombre animal, salvaje, ese plano corporal tan olvidado, negado y domesticado de nuestra existencia humana.

En lo personal, soy uno de esos seres a quienes lo hace sufrir nuestra manera de tratar con el planeta y con las especies que cohabitan con nosotros en él. La biofilia es un sentimiento que nos recorre a todos, supongo, pero para algunos es como un "llamado de lo salvaje" que nos eriza la piel desde que éramos muy pequeños. Una llamada desde el "paraíso perdido" o de nuestra animalidad, tal vez, que hace que nuestros ojos sufran al contemplar las ciudades, las carreteras, los edificios y los incomprensibles espacios de la urbanización. No es un proceso racional, pensado desde el cálculo intelectual de una catástrofe ecológica venidera, el miedo a la hambruna o el cambio climático. Es el dolor de sentir que hay una parte mía que muere cada vez un poco más y que se duele del final de la vida y su riqueza de formas.

Debemos recuperar la actitud de respeto por la naturaleza y sus seres, no creer que sabemos todo, que, por tener la ciencia a nuestra disposición, todas las respuestas están a nuestro alcance. Volver al misterio, como actitud de respeto, saber que hay una trama oculta que se nos escapa y que hay cosas que no podemos controlar. Volver al modelo solidario. Esa es la actitud vital básica que podemos rescatar del pasado, así como de algunos pueblos originarios y de otras especies animales.

Considero que nunca es tarde, ni imposible. Será porque, respecto del futuro, prefiero creer en lo que dice Eduardo Galeano, que no estamos condenados a los mismos errores y a las mismas rutinas.

Que el tiempo no se repite. El tiempo es una aventura de la libertad.

David Castro

Bibliografía y lecturas anexas

Bibliografía y lecturas anexas

- BEVILACQUA, MICHAEL. Beyond the dream horse
- BOLGER WILSON, COBY JANE. Guía básica de la nutrición equina
- BOURDIEU, PIERRE. La dominación masculina
- CAMPBELL, JOSEPH & MOYERS, BILL. El poder del mito, Editorial Emece
- CASTRO, DAVID. Y le susurré al caballo, 2017.
- CLAYTON, HILARY M; FLOOD, PETER F & ROSENSTEIN, DIANA S. Anatomía clínica del caballo
- DAVIS, FLORA. La comunicación no verbal
- DE WAAL, FRANS. El mono que llevamos dentro
- DESPEUX, CATHERINE. El camino del despertar
- DOCZI, GYÖRGY. El poder de los límites
- EISLER, RIANE. El cáliz y la espada, Nuestra Historia, Nuestro futuro
- EISELEY, LOREN. The inmense journey
- ELIOT, T. S. Cuatro cuartetos
- FOUCAULT, MICHEL. Las palabras y las cosas
- FOUCAULT, MICHEL. Vigilar y castigar
- GETTY, ROBERT. Anatomía de los animales domésticos
- GREEN, MICHAEL. De historia et veritate, Unicornis
- GOODALL, JANE & BEKOFF, MARC. The ten trusts
- GUTMAN, LAURA. Amor o Dominacion, Editorial: Del Nuevo Extremo
- HELLEBREKERS, LUDO J. Manejo del dolor en medicina veterinaria
- HEMPFLING, KLAUS FERDINAND. Cómo se rebelan los caballos
- HEMPFLING, KLAUS FERDINAND. Tratar con caballos
- HERNÁNDEZ, JOSÉ. Martín Fierro

- ILLICH, IVAN. Obras reunidas I Y II
- JACKSON, JAIME. The natural horse
- KOHANOV, LINDA. The tao of equus
- LORENZ, KONRAD. Hablaba con las bestias, los peces y los pájaros
- MECH, L. DAVID, "Alpha status, dominance, and division of labor in wolf packs" (1999). USGS Northern Prairie Wildlife Research Center. 353
- MILLS & MAC DOWELL. The Domestic horse
- MOUSSAIEFF MASSON, JEFFREY & MC CARTHY, SUSAN. When elephants weep
- NATIONAL GEOGRAPHIC. Animals at play
- NEVZOROV, ALEXANDER, Antique Bits, Spurs and Stirrups, Nevzorov Haute École Publishing
- NEVZOROV, ALEXANDER Tractate on a School Mount, Nevzorov Haute École Publishing
- NEVZOROV, ALEXANDER. The horse crucified and risen, Nevzorov Haute École Publishing
- NEVZOROVA, LYDIA. Paddocks and shelters, Nevzorov Haute École Publishing
- NEVZOROVA, LYDIA. See where you seat!
- NEVZOROV HAUTE ÉCOLE publishing. Equestrian Sport: Secrets of the "Art"
- NEVZOROV HAUTE ÉCOLE publishing. Equine anthology (tomo 1 al 9)
- NUÑEZ, JORGE L. Fundamentos de parasitología veterinaria
- PARELLI, PAT. Natural horsemanship
- PODHAJSKY, ALOIS. La equitación
- RAMEY, PETE. Making natural hoof care work for you
- REES, LUCY. La mente del caballo, Editorial S. A. J. Noticias, 2000
- REES, LUCY. La lógica del caballo
- RESNICK, CAROLYN. Naked liberty
- RESNICK, CAROLYN Blog collection, vol. 1
- SAINT–EXUPÉRY. El principito
- SAUBIDET, TITO. Vocabulario y refranero criollo
- SKIPPER, LESLEY. Inside your horse's mind
- SKLIAR, CARLOS. ¿Y si el otro no estuviera ahí?
- STORMY MAY. The path of the horse
- STORMY MAY. The Path of the Horse dvd
- SUZUKI. Mente zen, mente de principiante

Mariana Domic

Mariana vive en Rari, Chile, en la precordillera de Los Andes junto con sus animales. Sus estudios veterinarios y la necesidad de un contacto más directo con la naturaleza la llevan a profundizar en la investigación y estudios de la lógica de la vida encontrándose con un nuevo paradigma en las ciencias naturales: las cinco leyes biológicas de la naturaleza que aplican a todos los seres vivos, lo cual observa en su vida diaria. El tránsito por diversas áreas de la creación artística en el ámbito de la publicidad la deriva a ejercitar una mirada estética en su búsqueda de lo esencial y armónico de nuestra convivencia con la naturaleza plasmando esta pulsión en un trabajo manual, principalmente, con greda. Crea así, objetos cerámicos de uso cotidiano a la vez que registra vivencias a través de la fotografía digital. Actualmente se desempeña en el oficio de ceramista desarrollando MANADA, una galería de arte utilitario y decorativo en torno a caballos, y también colabora en el proyecto conCaballos con David Castro.

David Castro

DAVID CASTRO fue domador de caballos durante más de 10 años.

En ese período, aplicó técnicas y métodos de diversas domas no violentas, siguiendo las orientaciones de Oscar Scarpati, Klaus F. Hempfling y Carolyne Resnick, principalmente.

Su trabajo tuvo siempre rasgos sorprendentes por la gran facilidad y rapidez con que obtuvo excelentes resultados, aun en los casos más difíciles.

En los últimos tiempos, comenzó a considerar que "la doma" no es el encuadre adecuado para el tipo de relación con los caballos que pretendía lograr, y así inició un nuevo recorrido orientado al concepto de "educación".

Desde hace ya varios años, se dedica a impartir seminarios, cursos y charlas por países de habla hispana. En 2010, creó el Espacio con Caballos, un centro de enseñanza e investigación sobre las relaciones entre caballos y humanos.

En reconocimiento a la demostrada comprensión y puesta en práctica de sus principios, la *Nevzorov Haute Ecole* lo nombró en 2012 su representante en Argentina, y en 2013 fundó la primera Escuela Argentina de Hipología.

Hasta la fecha, ha publicado dos libros: "El silencio de los caballos" (2015) y "Y le susurré al caballo" (2018), además de numerosos artículos para revistas y para su página web www.davidcastro.com.ar.

Actualmente, está trabajando en el "Proyecto feralis", un plan de resalvajización e investigación para la coexistencia entre humanos y otros animales.

Otros títulos del autor

Y le susurré al caballo (2018)

Una invitación de ver a los caballos como realmente son y establecer con ellos un vínculo basado en la libertad y el respeto.

Y le susurré al caballo compila artículos y escritos de David Castro que van desde los años 2010 a 2016 que se consideran un importante material anexo y complementario a lo escrito en *El Silencio de los Caballos.*

"Este libro no es un susurro, no es una fantasía, es realidad y es un grito. Los artículos aquí presentados pueden sonar rudos o controversiales pero no hipócritas. Las imágenes la poesía y la pintura vuelven a acompañar la obra de David Castro quien ha elegido creer también en el poder del arte para crear otra realidad distinta de la existente. Ojalá sea esta nueva realidad y su mensaje sobre el espíritu libre de los caballos, muy pronto posible."

Índice

Índice